经典百年海战大观
★★★★★

潜航猎杀

田树珍 ★ 编著

民主与建设出版社
·北京·

图书在版编目（CIP）数据

潜航猎杀 / 田树珍编著 . -- 北京：民主与
建设出版社，2018.7
　（经典百年海战大观）
　ISBN 978-7-5139-1999-9

　Ⅰ.①潜⋯　Ⅱ.①田⋯　Ⅲ.①德意志第三帝国—海战—潜艇
战—史料　Ⅳ.① E516.9

中国版本图书馆 CIP 数据核字（2018）第 038760 号

潜航猎杀
QIANHANG LIESHA

出 版 人　李声笑
编 著 者　田树珍
责任编辑　吴优优
封面设计　朝圣设计
出版发行　民主与建设出版社有限责任公司
电　　话　（010）59417747　59419778
社　　址　北京市海淀区西三环中路 10 号望海楼 E 座 7 层
邮　　编　100142
印　　刷　湖南汇龙印务有限公司
版　　次　2018 年 7 月第 1 版
印　　次　2022 年 6 月第 2 次印刷
开　　本　710 毫米 ×1000 毫米　　1/16
印　　张　15
字　　数　180 千字
书　　号　ISBN 978-7-5139-1999-9
定　　价　39.80 元

注：如有印、装质量问题，请与出版社联系。

大海战 100 年

美国杰出的军事理论家马汉于 1890—1905 年间提出了制海权理论，其核心是"谁能控制海洋，谁就能控制陆地，进而控制整个世界"。因此，掌握全面制海权不仅是海军的核心任务，更是国家的战略目标，人类近代海战史充分印证了马汉这一理论。

近百年来，以美国、英国、法国、德国、意大利、日本为首的军事强国都在优先发展海上力量。在第一、第二次世界大战及近代几次战争中，这些国家通过海上封锁、破坏对方海上运输线、海上决战等方式，在一定海域内获得了制海权，进而实现了控制相关陆地的战略目的。

这其中，留给我们印象最深刻的是两次世界大战，无论是作战规模、作战样式，还是战争的惨烈程度都是空前的。在这两场战争中，海战这一古老的战争类型，由于使用了新武器、新装备，发生了革命性的变化。当德国的"俾斯麦"号和"提尔皮茨"号、日本的"大和"号和"武藏"号、英国的"威尔士亲王"号等超级战列舰被奉为"海战之王"时，以美国为代表的航空母舰及其战斗群横空出世，在一场场血与火的搏杀中表现出色，为美国最终赢得太平洋战争立下汗马功劳，名正言顺地取代了战列舰成为新的"海上霸主"。同时，随着人类科学技术的不断进步，核潜艇的出现又彻底打破了固有的海战模式，其强大的战略、战术威慑力，使之成为令人生畏的深海杀手。

为了再现近百年的大海战全景，我们精心推出"经典百年海战大观"系列丛书。这套书详细地再现了近百年来海战中的经典战例、著名战舰以及一些鲜为人知的人物故事，共20册，每册讲述一个独立的海战故事，书中涉及日德兰之战、珍珠港之战、珊瑚海之战、中途岛之战、瓜达尔卡纳尔之战、莱特湾之战、马里亚纳群岛之战、围歼"俾斯麦"号战列舰之战等海战史上至今仍然被人们津津乐道的经典战役。

进入21世纪，中国人民解放军海军迅速发展壮大，有力地保卫了祖国海防，但中国海军依然任重道远。要保护我们国家的利益，需要建设强大的海军，需要我们比以往任何时候都更加关注海洋、了解海战的历史。

目　录

第一章
无限制潜艇战

★韦迪根指挥"U-9"号潜艇悄悄向"阿布基尔"号巡洋舰靠拢。在听到"鱼雷准备完毕"的报告后，他下达了发射命令。鱼雷从发射管中冲了出去。6点30分，随着一声巨响，"阿布基尔"号巡洋舰被击中。

★一小时后，潜艇已距离这艘239米长的轮船不到1000米，施魏格尔下令发射了一枚鱼雷。"卢西塔尼亚"号邮轮上大部分乘客午餐刚毕，在甲板上眺望爱尔兰海岸。他们恐怖地看到了鱼雷激起的一道泡沫。

★德国丝毫没有停止潜艇战的迹象。1917年4月2日，威尔逊总统在向美国参众两院发表演讲时认为美国不能继续袖手旁观了。两院都以绝对多数通过了总统的倡议。

第二章
"狼群"战术

★《英德海军协定》签订10天后，德国北部基尔港的海军工厂举行了庆祝"U-1"号潜艇就役典礼。在此之前的17年里，他们一直在悄悄地为建设U艇而工作。

★通常的做法是，当发现目标时，各潜艇便从对方护卫舰队的间隙或侧翼隐蔽地穿过去，躲过其火力打击屏障，向目标靠近。白天，各潜艇在四面八方占领有利攻击阵位，隐蔽在水下，夜间突然升出水面，同时向目标发射鱼雷。"狼群"战术因此得名。

★次日，德国官方报纸《人民观察家报》在第一版上以《丘吉尔自己炸沉了"雅典娜"号》为标题发表了一篇报道，报道中声称英国海军大臣在那艘船上安放了一颗定时炸弹。一时间，在纳粹德国各种宣传工具的大肆鼓噪声中，"雅典娜"号事件被蒙上了扑朔迷离的色彩。不少人都相信了德国人信誓旦旦的宣传。

第三章
海狼行动

　　★油轮与货船高耸的船身，总是以夜空为背景浮现出来，成为U艇攻击的最好目标。U艇的舰长们一旦获悉英军护送船队的情报，而所判断的又有利于自己时，就立刻展开凶猛的战斗。U艇通常驶入盟国船队中央，从最近距离展开百发百中的攻击。这就是U艇的"黄金期"。

　　★他们的死不仅意味着U艇"英雄"已不复存在，同时也暗示着必须把"狼群"作战规模扩大，并以此作为基本战术。"狼群"作战对抗英军护卫技术的提高，必须依循群攻的作战方式。英国清楚地了解了德国的新战术。

　　★邓尼茨预言：U艇将受到重大损害，必须立刻把德国人拉回到现实之中。英国海军部认为，邓尼茨的这场广播乃是一种暗示，表明他决意要对大西洋航路再度展开攻击。这一回可以说是判断对了。

第四章
魔道之争

★英国情报机构在战争开始前搞到了一部德国军用"埃尼格玛"密码机，这部密码机是被波兰情报人员偷来的。德国人用这种密码机收发传送所有绝密作战命令，每艘潜艇都装有一部。在军事情报六处处长休·辛克莱领导下，"埃尼格玛"机的密码系统逐渐被F·W·温特伯瑟姆空军上校破译了。

★鉴于英军雷达的巨大威胁，邓尼茨召集了很多科学家研制雷达接收装置，最终研制成功被称为"ECM"的反探测装置，能够接收到英军机载雷达在48千米之外发射的雷达波，比雷达发现潜艇的有效距离远两倍。

★邓尼茨根据这一情况，立即着手调兵遣将，组织一场大规模的围歼战，先后调集了"箭"艇群的13艘潜艇和"双刃剑"艇群的7艘潜艇。德国潜艇张网以待的正是从加拿大开往英国的SC-118护航船队，共有63艘运输船，护航兵力为3艘驱逐舰、4艘护卫舰和1艘驱潜快艇。

第五章
U 艇末路

★这些措施逐渐发挥作用之后，1943 年 3 月德国潜艇的辉煌胜利如同昙花一现，又如垂死之人的回光返照。同盟国 3 月间所经历的惨重损失，就像是黎明前最黑暗的时刻，在这之后就是光明！因此 1943 年 3 月也以大西洋反潜战的转折点而彪炳史册！

★基于同样理由，同盟国竭力试图封锁比斯开湾，以"釜底抽薪"之法来减少护航船队在大西洋上的压力。由于比斯开湾海水较深，单单布设水雷难以形成有效的封锁，同盟国投入了航空兵、水面舰艇和潜艇实施空中、海面和水下全方位立体封锁。

★要是无法保障横渡大西洋的运输船队航行安全，诺曼底战役的准备就无法及时完成，而诺曼底战役如果推迟发动，德国就会利用这一喘息之机，加强防御准备，那时，这一决定战争命运的登陆战役的胜负就难以预料。可以说，大西洋航线护航战的胜负，对于战争的胜负是具有决定意义的。

第一章
无限制潜艇战

★ 韦迪根指挥"U-9"号潜艇悄悄向"阿布基尔"号巡洋舰靠拢。在听
  到"鱼雷准备完毕"的报告后，他下达了发射命令。鱼雷从发射管中
  冲了出去。6点30分，随着一声巨响，"阿布基尔"号巡洋舰被击中。

★ 一小时后，潜艇已距离这艘239米长的轮船不到1000米，施魏格尔
  下令发射了一枚鱼雷。"卢西塔尼亚"号邮轮上大部分乘客午餐刚毕，
  在甲板上眺望爱尔兰海岸。他们恐怖地看到了鱼雷激起的一道泡沫。

★ 德国丝毫没有停止潜艇战的迹象。1917年4月2日，威尔逊总统在
  向美国参众两院发表演讲时认为美国不能继续袖手旁观了。两院都以
  绝对多数通过了总统的倡议。

1. 一艇击沉三舰

经过长期战争检验，潜艇在海战中的作用逐步被国际海军界所承认。1898 年，法国"古斯塔夫·齐德"号潜艇用鱼雷击沉了英国"马耳他"号战列舰，显示了潜艇在海战中的巨大威力。到 1914 年夏，各海军强国基本上都建立了潜艇部队。而其后不久爆发的第一次世界大战，潜艇一显身手，在海战史上留下了光辉的一笔。

认识潜艇巨大潜力并使之发挥威力的国家要首推德国。早在 1906 年，德国日耳曼尼亚造船厂就为德国海军建造了第一艘潜艇

德国海军建造了第一艘潜艇"U-1"号

"U-9"号潜艇的乘员

"U-1"号，并逐渐使德国的潜艇发展成为大西洋上最令人恐惧的武器。

1913 年，德国造出了专用于潜艇的柴油机，并且建造了性能优秀的"柴油机——电动机潜艇"。在随后的第一次世界大战中，德国共拥有了 350 艘潜艇，并在战争中取得了"一艇击沉三舰"的佳绩，令德国潜艇部队名扬青史。

1914 年 9 月 23 日，德国海军"U-9"号潜艇在比利时奥斯坦德港和英国马加特之间的伏击阵位上游弋待机。清晨，3 艘英国装甲巡洋舰朦胧的轮廓出现在"U-9"号潜望镜中。它们分别是排水量12000吨的"阿布基尔"号巡洋舰、"霍格"号巡洋舰和"克雷西"号巡洋舰。

对德国海军来说，这纯粹是偶然的巧合。由于"U-9"号潜艇的电罗经出了毛病，偏航到这片海域来了。艇长韦迪根不得不在水下度过了一夜。为了要给电池充电，他才把"U-9"号潜艇浮出水面，期望呼吸一下新鲜空气，却意外发现了3艘装甲巡洋舰。

对英国3艘巡洋舰来说，这是一次最不幸的意外事故。它们没意识到将要发生危险，仍以两海里的间隔直线编队向前航行。韦迪根指挥"U-9"号潜艇悄悄向"阿布基尔"号巡洋舰靠拢。在听到"鱼雷准备完毕"的报告后，他下达了发射命令。鱼雷从发射管中冲了出去。6点30分，随着一声巨响，"阿布基尔"号巡洋舰被击中。

随后，为了清查战果，韦迪根升起潜望镜。令他难以相信的是，"霍格"号巡洋舰不但没进行任何规避或反潜行动，反而待在危险区域内抢救"阿布基尔"号巡洋舰的落水船员。天

"U-9"号潜艇韦迪根艇长

赐良机！"阿布基尔"号巡洋舰舰长以为是水雷爆炸，做指示发信号给其他两只船靠近些，以搭救幸存者。但"阿布基尔"号巡洋舰沉没得太快，甚至没来得及放下救生艇。

韦迪根当然不肯放过这个"捡便宜"机会，再次命令"U-9"号潜艇进入了攻击阵位。不巧，"U-9"号潜艇的艇首突然下倾，但训练有素的艇员们没因此受到惊吓。他们迅速做出反应。除鱼雷发射舱和指挥舱人员外，所有艇员都跑到艇尾以保持艇身平衡。6点55分，两枚鱼雷又从第一、第二发射管中呼啸而出。半分钟后，两声巨响传来，"霍格"号巡洋舰也被命中，并迅速开始下沉。随后，"U-9"号潜艇也开始下潜规避，准备离开是非之地。

两艘军舰被击沉，"克雷西"号巡洋舰舰长约翰逊意识到遭到了潜艇攻击。但看到在水中挣扎的同伴，约翰逊坚持先救助同伴，结果这个错误决定将"克雷西"号巡洋舰送进了危机之中。

"U-9"号潜艇并没跑远。当观察了英国人的举动后，韦迪根决定再次发起攻击。不过，这次攻击没前两次轻松。当"克雷西"号巡洋舰发现"U-9"号潜艇后，203毫米主炮毫不客气地向它射击。不过，这些炮弹想击中当时还很小巧的潜艇并不容易。

一艘潜艇艇长正用潜望镜搜索猎物

潜艇靠近一艘正在下沉的运输船

　　"U-9"号潜艇在弹雨中巧妙地闪避，并以两枚艇艉鱼雷给予回击，结果准确命中了"克雷西"号巡洋舰。这一次，"克雷西"号巡洋舰并没受到重创。韦迪根下令艇艉鱼雷管重新装雷，并指挥潜艇进入新的发射阵位，准备再次攻击。很快，"U-9"号潜艇上最后一枚鱼雷射了出去。"克雷西"号巡洋舰在一声巨响中沉入了大海。

　　随后，韦迪根谨慎地择道回到德国。在一个小时之内，3艘排水量12000吨的巡洋舰毁于一艘老式潜艇之手。消息迅速传回德国，韦迪根作为英雄受到了隆重欢迎。

　　一个小时之后，这条爆炸性新闻迅速传遍了世界。国际海军界为之震惊：一条"铁皮壳"似的潜艇，只用了一个小时，就将 3 艘万吨级巡洋舰击沉，造成 1459 名官兵阵亡，是此前连想都不敢想的事。从此，人们对潜艇的作战能力和作战用途有了新认识。

★潜艇生活

潜艇内部的环境非常封闭潮湿。当潜艇在海况恶劣的水面航行时，海水会从未关闭的舱门大量涌进舱内。而当潜艇在热带海域水下航行时，由于通风装置工作吃力、艇上的动力和机械设备运转导致潜艇内部温度可达到 50℃。高温夹杂着高湿度，艇员们的衣物很难晾干，新鲜食品也很容易腐烂发霉。

潜艇内狭窄的内部空间

U 型潜艇上的空间尤其宝贵。潜艇的排水量虽然大，但内部的耐压壳最大直径只有 5 米，艇首和艇尾的空间更小。绝大部分艇内空间用于安置柴油机和电动机、蓄电池和其他必要机械设备，用来供艇员生活和休息的空间所剩无几。

艇长的起居室较大，往往位于潜艇的中心。因为平时大小事务，艇员都会向艇长汇报，艇长处理事务起来方便，但也很难安静下来休息。

军官的舱室空间也较大，里面安装有固定的小桌。高级军官有固定的铺位，中级军官则只有吊床。艇上部分岗位的艇员是两个人共用一个铺位，这是因为二人轮岗的缘故。还有部分艇员只能在艇

U 型潜艇员合影

首和艇尾的鱼雷舱里休息。

　　德国海军潜艇部队官兵坚定的信念和高昂的斗志是建立在高水平的自律和相互信任关系基础上的。军事纪律往往就没那么重要。一些以纪律严格著称的德国艇长也对艇上纪律的执行有着较为宽松的尺度。只要艇员能有效执行作战使命和高度称职，那么他们可以由其任意选择穿着。因而他们在潜艇里会感到略为舒服些。

2. "大西洋王后"沉没

为了更有效地打击协约国的商船，并保护本国潜艇，1915年2月4日，德国宣布在英国和爱尔兰周围水域执行无限制潜艇战政策，将这些区域划为战争地带，任何进入该区域船只都将被击毁。

英国对德国无限制潜艇战大做宣传，谴责德国漠视文明国家的战争法。但中立国家却认为，英国没收别国船上全部货物的做法也并没好到哪里去。德国潜艇不断地击毁协约国商船——他们感觉到手里掌握了一种决定性的武器。

1915年5月1日，一艘巨型邮船"卢西塔尼亚"号邮船从赫德森河的停泊处驶向利物浦。那一天，德军"U-20"号潜艇从埃姆登溜出来，搜捕协约国的船只。不列颠诸岛周围的水域已被德国宣布为战区，因而所有船只，不论是敌人的，还是中立国的，都将被德军视为攻击对象。

丘纳德轮船公司自豪地称，"卢西塔尼亚"号邮轮是"现在在大西洋中航行的最快和最大的轮船"。它的最高速度是25节，比任何潜艇快两倍以上。英国海军部考虑到这种有利条件，在1915年4月16日致船长的一份机密备忘录中强调："快速轮船可以靠曲折的航行，大大减少潜艇突击成功的机会。战舰在潜艇经常出没的区域巡航时总是采取这种航线。潜艇在水下速度很慢，除非它能记住和预知被攻击船只的航线，否则进入发动攻击的方位是非常困难的。"

尽管如此，但丘纳德公司的董事们仍然命令"卢西塔尼亚"号邮轮以 3/4 的速度航行。而由于某种原因，船长威廉·特纳却忽视了在危险水域里采取曲折的航线。

5 月 7 日，"U-20"号潜艇的指挥官瓦尔特·施魏格尔把潜艇浮在离爱尔兰东南海岸金塞耳老岬约 10 海里处的海面上。它已经击沉了两只英国轮船和一只帆船。当"U-20"号潜艇正在返回基地时，潜望员望见了一艘轮船。于是，"U-20"号潜艇潜到水下 13.4 米，并以全速前进，开到轮船前面的攻击方位。

毁坏的德国"U-20"号潜艇

　　1 小时后，"U-20"号潜艇离轮船 1 海里时，施魏格尔发射了一枚鱼雷。"卢西塔尼亚"号邮轮被鱼雷一举击中。18 分钟后，被丘纳德公司誉为"大西洋王后"的"卢西塔尼亚"号邮轮沉没了。施魏格尔记下了这场灾难："鱼雷成功地击中了右舷的舷门后面，看到了非常强烈的爆炸，引起一片巨大的烟云，喷得比烟囱还高。随着鱼雷爆炸之后，很可能发生第二次爆炸。中弹点上面的上层结构和舰桥，都被炸得粉碎，燃起了大火。船立即停航，右舷倾侧得很厉害，船首很快下沉。看来好像它任何时候都会倾覆。船上很乱。

沉没中的"卢西塔尼亚"号邮轮

许多救生艇被放下来了，显然是那些已经不知所措的人放的。索具下放很不平衡，以致有时装满了人的小艇从船首或船尾刚碰到水，便立即沉没。"

这一灾难消息被德国称为"伟大的胜利"。《科隆人民报》报道："我们以欢乐的自豪注视着我国海军的这一功绩。"不仅如此，德国人还颁发了"卢西塔尼亚号"奖章，以纪念这次事件。

英国得到这消息后，全国上下反德呼声高涨。人群打破了德国人店铺的橱窗，捣毁了店里的东西，警察也放任那些暴行的民众不管。英国政府清查了已经登记的 19000 名在英国的德国人，并把年龄在 17 岁至 45 岁之间所有在英国的德国男人都拘留起来。

除了英国人愤怒外，美国人也非常气愤。美国总统伍德罗·威尔逊在给柏林的一份严厉照会中，抨击击沉"卢西塔尼亚"号邮轮是违反国际法和对人类的犯罪。这次事件后，曾经对英国扣留中立国船只货物做法非常不满的美国立即和英国站在一起，共同抵制德国。但经过查实，"卢西塔尼亚"号邮轮上的确携带有弹药等违禁货物，美国因此没有对德国宣战。

伍德罗·威尔逊强调指出，美国为了保卫中立国国民为非军事问题到他们乐于去的任何地方旅行的权利，"不会省略任何言论或行动"，之前，从来没有一个中立国，在不使用武力情况下如此愤怒地向一个交战国挑战过。

伍德罗·威尔逊的警告只不过使德国外交部清醒起来，因为

起航前的"卢西塔尼亚"号邮轮

它害怕美国的军事潜力。但德国海军的军官们则加以嘲笑。他们确信，他们能在公海上轻易地打败美国。为了准备答复伍德罗·威尔逊，外交部要求海军部提供关于"卢西塔尼亚"号邮轮事件的所有资料，德国海军的军官们根本不理会。海军将官们的举动影响着德国皇帝，导致无限制潜艇战继续进行了下去。

★潜艇上古龙香水受欢迎的原因

众所周知，潜艇上淡水的储备极其有限。潜艇上的人洗澡和沐浴都是奢望。绝大多数潜艇官兵返航后都是蓬头垢面满脸胡须，虽然他们上岸后会很快打理干净。

一艘德国潜艇上通常有两个厕所。在战斗巡逻过程中的前半段时期，其中一个厕所将被用来存放新鲜食品，另一个较小的厕所则供艇上50余人方便之用。不仅如此，在潜艇上冲洗马桶既困难又危险，处置不当可能会引起海水倒灌。因而，潜艇内部本来就污浊不堪的气味，在其战斗巡逻过程中会变得更为难闻。

对于德国 U 型潜艇而言，最恶劣的工作环境就是主柴油机舱。柴油机

德国潜艇军官的军服

工作时的噪音令人无法忍受。而柴油机产生的烟气更是完全留在潜艇内。

由此可见，一艘经历了数星期航行的潜艇内部的气味非常难闻——柴油机产生的烟气、腐烂变质食物产生的气味、厕所里的臭味和艇员身上的汗臭等等。在这种情况下，古龙香水在德国 U 型潜艇上大受欢迎。

3. 伪装猎潜舰

德国在英国周边水域实行无限制潜艇战，并击沉了一艘巨型邮船"卢西塔尼亚"号邮船，令英国人更加迫切地想方设法对付德国潜艇。

英国一位无名英雄发现，德国无限制潜艇战针对武装商船，往往不加警告就将它们击沉，而对非武装商船，特别是帆船，在船员登上救生艇之前却并不予击沉。他们往往派出登船队登上对方的船只，掠夺战利品，然后用炮火把对方的船击沉，以节省鱼雷。于是，这位无名英雄提出了对付德国潜艇的方法——以伪装猎潜舰引诱德国潜艇，寻机将其消灭。

有一次，德国潜艇发现了一艘货船，立即把潜艇浮上水面，向货船开了一炮，并令它停航。货船上的军官和水手急忙冲到救生艇那边。

与此同时，他们将隐藏的5.4公斤炮瞄准载了掠夺队靠近过来的潜艇。当潜艇进入射程时，大炮周围伪装的护墙随着铰链倒下，这艘货船做好了一切射击准备。一旦潜艇上当，那些原先被藏起来的炮就会猛烈射击。在这种情况下，德国潜艇往往难逃一劫。

德国最机敏的战时间谍尤勒斯·西尔伯得到一封信，偶然间

一艘伪装成商船的猎潜舰，其船尾加装了一门反潜炮

发现是一件重要的情报。寄信人在信里写着，她的哥哥是位海军军官，驻在离家不远的一个重要基地。她哥哥正在执行一个将结束潜艇威胁的秘密方案。西尔伯意识到，这是一个非常有价值的机密，就到写信人所在的港口，以政府检查员的官方身份去访问她，对她在通讯中泄露机密情报提出警告。这位妇女恳求他不要采取任何将危及她哥哥前程的措施。在谈话中，西尔伯套出了许多细节。伪装猎潜舰，每艘都凭秘密的 Q 号数来辨认，都是不定期货轮、帆船和

经过修理适于航海的拖网渔船。伪装船上乘坐着穿着不伦不类商船船员服装的海军船员，船体装有隐蔽的大炮和鱼雷发射管。西尔伯立即把情报送到了柏林。

德军得知情报后，德国潜艇指挥官摒弃了"豪侠作风"，遇到敌方船只，不警告就发射鱼雷。潜艇的舰员们也空前地谨慎认真起来。为了在不相等的战斗中依然能够不沉，英军伪装船用木材和软木保持浮起。但德军在向不定期航轮发射鱼雷时，往往用潜艇先观察船只所受的损害，然后将潜艇浮起，最后用炮弹把那只船击沉。

对英国伪装猎潜舰的舰长来说，他要等到潜艇进入射程内之后才能开火。此外，任何可疑的姿态都会使德国潜艇急速潜没，会给

被德国潜艇击中正在下沉的盟军货船

停在港口的德国 U 型潜艇

伪装船招来一枚致命的鱼雷。

"Q-5"号伪装船沿着贸易航线正曲曲折折地驶向利物浦。那时，德军射出的一枚鱼雷在"Q-5"号伪装船的船壳上打出了一道裂缝。"Q-5"号伪装船的舰员在机器舱里坚守岗位，直到涌进来的海水迫使他们登上甲板，随后立即隐蔽起来。"Q-5"号伪装船在徐徐下沉，炮手们站在深水中将近半个小时，等待德国潜艇"上钩"。

而此时，仍然潜在水里的德国"U-83"号潜艇缓缓向它的猎物驶去。它对于没危险性的威胁感到满意，便在平射程内慢慢地浮上了水面。潜艇舰长刚从驾驶指挥塔里露出身来，英军的第一发炮弹就把他打死了。"U–83"号潜艇中了30多发炮弹，很快沉没了。直到"U–83"号潜艇被送到海底后，被淹没的"Q–5"号伪装船方才呼救。附近的驱逐舰和单桅小帆船赶来营救，才避免了"Q–5"号伪装船沉没。

开始，英国海军部不完全相信伪装船对付潜艇的能力，只作小

英国海军在港口布设的反潜水雷

规模的试验。有180多只各式各样和大小不一的伪装船被装备起来，预备同潜艇作战。等到英国海军部完全承认伪装船的军事价值时，德国人也知道了这个秘密。但从1915年7月到1918年11月，伪装猎潜艇仍然击沉了11艘德国潜艇，击伤了至少60艘。

大战期间，约有200艘德国潜艇被击沉，英国人自称击沉了其中的145艘。不过，英国皇家海军动员了5000多只辅助船舶，数百公里长的钢丝网，还有数以百万计的深水炸弹、水雷、炸弹、大炮和炮弹，才取得这样的战绩。

★潜艇内的娱乐

U型艇上的休闲和娱乐活动也值得一提。在战斗巡逻期间，潜艇官兵绝大多数时间都是用在搜寻盟军护航船队和发动攻击这种高度紧张和枯燥的工作上。在其余时间，艇员的最大敌人就是单调和枯燥。除了打牌和看书，几乎没其他的事可做。当潜艇处于水下航行状态时，为了省电，舱内的照明灯也被关闭，他们连看书打牌都不行。

在出发前，许多艇员会挑选些唱片带上。他们通过潜艇内部的广播系统播放唱片。在战时，他们被禁止收听敌国的广播，但可以收听美国和英国广播电台的音乐和新闻节目。许多艇长还会安排一些比赛，并给予获胜者一定奖品。

在海面绝对安全的情况下，许多艇长都会允许艇员们到甲板上活动，呼吸新鲜空气、享受日光浴或下海游泳。在潜艇穿越赤道线时，艇员们会在甲板上举行一个传统仪式，即发起者会装扮成海神，在第一次穿越赤道的新人身上做些恶作剧，如逼迫他们喝海水或剃光头发等等。但新人们也会因此得到一个手绘的卷轴和一个自制的勋章。一名出色的潜艇指挥官将使艇员们受益无穷，而许多功勋卓著的德国潜艇王牌指挥官也都认为，他们的铁十字和橡树叶勋章都是艇员们一致努力的结果。

4. 被迫停战

潜艇的优势在于潜伏水下秘密行动。德国潜艇公然警告并拦截商船很容易暴露，也因此常受到英国战舰，特别是 Q 型船攻击。尽管德军承诺尽量避免击沉中立国船只，但由于担心 Q 型船攻击，德国潜艇的舰长们得到指示，保证潜艇安全是第一要务。因此，他们误袭在所难免。进入英国水域的中立国船只也成了德国人的攻击目标，因而中立国也有走向德国对立面的可能。

1915 年 8 月，德国潜艇击沉了美国的"阿拉伯"号商船，激起了美国人的愤怒，迫使美国的立场不得不变强硬。美国总统伍德罗·威尔逊严正抗议德国人的行为，声称如果德国不停止无限制潜艇战，美国将断绝与德国的外交关系。因为担心美国参战，德国不得不在大西洋和北海停止了无限制潜艇战。德国潜艇转向了美国船只较少光顾的地中海地区。德国第一次无限制潜艇战告一段落。无限制潜艇战直接导致了同盟国 130 万吨货物损失，其中 65% 是英国的。

1916 年的战况给了包括德国在内的每一个交战国以更大压力。英国对德国的封锁也日渐严密。德军在凡尔登耗尽法国元气的计划落了空，加上在索姆河与英军的惨烈会战中大大消耗了德国的军事实力，致使很多人怀疑德国是否经得起又一年的消耗战。直到 1916

年 8 月，德国政府和最高指挥部又重新审议无限制潜艇战问题。

德国海军参谋部认为，只要有足够的潜艇，就能够封锁英国，最终逼迫它求和。于是，德国建造潜艇的速度大大加快。德国最大的顾虑是美国可能因此对德国宣战。如果美国参战，形势将对德国十分不利。但是，德国人选择了冒险。

德国再次选择潜艇战两天之后，美国总统伍德罗·威尔逊宣布断绝与德国的外交关系。1917 年 2 月 1 日，无限制潜艇战重新开始。德国的大型远洋潜艇基地设在德国北海的港口。短程的沿岸潜艇把基地设在比利时港口。

1917 年 2 月到 3 月间，德国潜艇击沉了至少 500 艘船只。东大西洋和北海中立国的船运量减少了 75%。舰船被击沉的数量大增，一方面是因为德国新制造的潜艇能携载原来 2 倍的鱼雷，另一方面是因为英国皇家海军进攻战术僵化，进攻的巡逻船只被派出肃清主要航道，而德国潜艇就潜伏在主航道边缘的水域，等巡逻艇一过来就发起进攻。

如果商船损失继续下去，英国不久就会闹饥荒。为了防止这种灾难发生，英国必须实行严格的食物配给制，甚至在欧洲大陆西线作战的部队也被提醒不要浪费粮食。德国潜艇的威胁，加上持续损失惨重的地面战僵局，使英法两国在 1917 年初的日子都不好过。

德国丝毫没有表现出停止潜艇战的迹象。1917 年 4 月 2 日，威尔逊分别向美国参众两院发表演讲，认为美国不能再袖手旁观了。

一战时期的英国商船

两院都以绝对多数票通过了他的倡议。

1917年4月6日，美国正式对德宣战。美国海军可以帮助英国消除德国潜艇的威胁了。消除潜艇威胁的主要方案就是将商船集中起来组成编队，进行武装护航。这种方式虽被认为过于保守，难于组织，但被实践证明非常有效。例如，1917年7到8月间，800艘编队的商船只损失了5艘。

1918年3月到10月间，英美使用更先进、更有威力的水雷，共同布置了一个巨大的雷区。从苏格兰以北的奥克尼群岛一直延续到挪威领海，一共布了 7 万多枚水雷。北部雷区使德国潜艇进入大西洋更为困难。

1918 年 4 月，为阻止德国潜艇利用比利时沿岸的泽布勒赫港发动进攻，英国巡洋舰队袭击了那里。当时，停放在泽布勒赫港口的 3 艘德国封锁船被击沉。但德国"冯迪克第夫"号护航巡洋舰侥幸地返回了基地。英国军舰还经常对德国沿岸进行炮击，使用浅水重炮舰直接与德国沿岸炮台上的火炮交火。

1918 年初，英美海军基本解除了德国潜艇的威胁。这不仅对英国的存亡有着重大意义，而且使美国军队能够跨越大西洋登陆法国作战，最终挽救了协约国的命运。

触雷后被炸伤的德国潜艇

　　与此同时，协约国对同盟国的封锁越来越紧密。英国皇家海军本土舰队和美国大西洋舰队联合起来，让德国"公海舰队"放弃了与盟军在海上决战的念头。1918年夏季，盟军赢得了海上战争的胜利。

　　第一次世界大战结束后，《凡尔赛和约》规定：德国不得建造潜艇，不得发动无限制潜艇战。但德国一方面在国内秘密研制潜艇，一方面又先后向国外订购了8艘潜艇。1935年3月16日，德国公然撕毁了《凡尔赛和约》。仅仅三个月之后，德国战后制造的第一艘潜艇——"U-1"号潜艇便于6月15日下水。到1935年9月，德国共建造了9艘潜艇，并成立了一支潜艇部队——"威迪根"潜

《凡尔赛和约》签订现场

艇队，其指挥官是邓尼茨。到 1935 年底，德军拥有 24 艘潜艇，其中 10 艘是 U Ⅱ型。

★第一次"彩虹行动"

在世界海战史上，德国海军曾进行过两次大规模自沉舰船行动，都以"彩虹"作为沉船的暗语，因此人们将其称为"彩虹行动"。

从 19 世纪末期到第一次世界大战时，为了与英国海军一决雌雄，德国海军倾尽全力建立了一支拥有 40 艘战列舰、4 艘超级战列舰、7 艘巡洋舰、驱逐舰及 144 艘鱼雷艇、28 艘潜艇的庞大海军。其中，重型水面舰艇被德国海军骄傲地称为"公海舰队"，是德国海军的主力。这支舰队在日德兰海战中共击沉了英国 3 艘战列巡洋舰、3 艘巡洋舰和 8 艘驱逐舰，当然，德国"公海舰队"自身也损失了 1 艘战列巡洋舰、1 艘战列舰、4 艘巡洋舰、4 艘驱逐舰。

日德兰海战后，德国"公海舰队"被英国皇家海军围困在海港中，但它到第一次世界大战结束前依然还是一支具有强大打击力量的大舰队。第一次世界大战结束后，根据停战协定，德国"公海舰队"遭到扣押。

1918 年 11 月 21 日，74 艘德国战舰在协约国舰队押解下，驶入斯卡帕湾。德国军舰所有火炮的开火装置已被拆除，水兵数额被限令到最低，所携带燃料几乎不能让舰队驶离奥克尼群岛周边的水

日德兰海战时期的德国"公海舰队"

域。1919 年，拟定《凡尔赛和约》的谈判十分不顺利。德国人认为并没有输掉战争，把和谈看作是争取权利的最后机会，然而英国却不这样认为。最后，英国向德国下达最后通牒：要么 6 月 21 日中午之前全盘接受和约，要么再次面临战争。此时的德国人决定屈服，但需要两天时间"体面的准备"。没有人把谈判的最新进展及时告诉在斯卡帕湾的舰队指挥官冯·路特。当看到当地英国报纸关于"停战谈判濒临破裂"和"可能恢复军事敌对"的报道时，德国军官们以为，双方的谈判已经破裂，敌对状态已经恢复，而防止舰队落入敌人手中的唯一机会，只有在敌人行动之前自行将其凿沉。那些不甘让重型水面舰艇落入敌人之手的德国舰队官兵们，事前就做好了沉船准备。

1919 年 6 月 21 日，英国舰队离开斯卡帕湾出海训练。10 点 30 分，全体德国军舰都收到来自旗舰"埃姆登"号巡洋舰上发出的预先制定的信号——彩虹。军官下令升起被禁止的舰队旗、战旗和 Z 信号旗，打开通海阀门和水密舱门。12 点 16 分，"腓特烈大帝"号战列舰首先沉没，其余军舰也一艘艘相继没入水中，最后沉没的是"兴登堡"号战列巡洋舰。

英国舰队急忙从训练中返航，想尽各种办法试图补救，但是根本无法阻止如此大规模的集体自沉行动。海军史上最壮烈的自沉行动历时约 6 个小时。被拘留的 74 艘德国军舰中有 52 艘沉入了海底，包括 11 艘战列舰中的 10 艘和所有 5 艘战列巡洋舰。沉没军舰的吨位为被扣押舰队总吨位的 95%。而潜艇却作为有生力量被潜藏在"大海深处"。

第二章
"狼群"战术

★ 《英德海军协定》签订 10 天后，德国北部基尔港的海军工厂举行了庆祝"U-1"号潜艇就役典礼。在此之前的 17 年里，他们一直在悄悄地为建设 U 艇而工作。

★ 通常的做法是，当发现目标时，各潜艇便从对方护卫舰队的间隙或侧翼隐蔽地穿过去，躲过其火力打击屏障，向目标靠近。白天，各潜艇在四面八方占领有利攻击阵位，隐蔽在水下，夜间突然升出水面，同时向目标发射鱼雷。"狼群"战术因此得名。

★ 次日，德国官方报纸《人民观察家报》在第一版上以《丘吉尔自己炸沉了"雅典娜"号》为标题发表了一篇报道，报道中声称英国海军大臣在那艘船上安放了一颗定时炸弹。一时间，在纳粹德国各种宣传工具的大肆鼓噪声中，"雅典娜"号事件被蒙上了扑朔迷离的色彩。不少人都相信了德国人信誓旦旦的宣传。

1. U 艇复出

　　柏林，埃利希·雷德尔在德国海军总司令部大楼一间宽敞的办公室里陷入了沉思。雷德尔中等个子，身体粗壮，前额宽宽的，面孔上充满了倔强与冷酷。在日德兰海战时，他是德国海军名将希佩尔的参谋长。尽管在战场上吃了败仗，但他在官场上却从此交了红运。1928 年，他当上了德国海军总司令。他默默立下宏愿，要为德意志建立一支能向英国海权挑战的舰队。

　　根据《凡尔赛和约》，德国海军只能拥有 6 艘战列舰、6 艘轻巡洋舰和 12 艘驱逐舰。雷德尔上任开始时，只在"和约"限定范围内建造了几艘轻巡洋舰。30 年代初，德国海军才出现复苏征兆。在"德意志"号袖珍战列舰之后，"舍尔海军上将"号袖珍战列舰和"格拉夫·斯佩海军上将"号袖珍战列舰也相继服役。

埃利希·雷德尔

　　1933 年，阿道夫·希特勒担任德

国元首，便开始德国的"复兴运动"。
1935 年，德国收回萨尔；1936 年，希
特勒出兵占领了莱茵兰非武装区。接
着，德国和日本签订了《反共产国际
协定》；1936 年底，德国和日本又双
双参加伦敦海军会议。会上，日本拒
绝续约，而希特勒却顺水推舟，同意
了德国舰艇实力为英国舰队实力35%
的条款。希特勒向三军首脑秘密交
底：他要先征服欧洲大陆，然后再对
付美国。

阿道夫·希特勒

为了紧跟希特勒的步伐，雷德尔
赶紧制订了加速发展德国海军的"Z"
计划。"Z"计划包括：到 1944 年，德
国将拥有 8 艘大型战列舰，8 艘袖珍战列舰，5 艘重巡洋舰，44 艘
轻巡洋舰，2 艘航空母舰和 249 艘潜艇。

雷德尔相信，手头有了足够的兵力，再加上日本海军、意大
利海军配合，就一定能够打败英国皇家海军。然而，希特勒心急火
燎，恨不得一口吞下全球。1939 年 9 月 1 日，德国装甲部队攻入波
兰。两天后，英国、法国对德宣战。雷德尔的如意算盘落空了。他
只有硬着头皮，去和宿敌——英国决斗。

二战初期，德国建成当时世界上排水量最大的战列舰"俾斯麦"号

　　由于舰只太少，雷德尔不准备和英国皇家海军硬拼。他决定避开英国皇家海军主力，把袭击舰和潜艇派到大西洋，截杀盟国的护航运输队，以切断英国的海上生命线，达到使其弹尽粮绝、不战自降的目的。德国的出海口不畅，潜艇虽能暗渡北海，但大型水面舰只却被堵在自家门前，行动处处受阻。

　　虽然在1935年3月16日废除《凡尔赛和约》之后不久，德国就与英国签订了海军协定，自愿把海军兵力限制为英国海军的

35%，但 U 艇的数量可以为英国潜水艇的 45%。协定同时规定，在特殊情况下，德国 U 艇的数量可以达到英国潜水艇的 100%，但必须以削减相等吨数的其他舰艇为条件。

英国人之所以同意关于 U 艇兵力的协定，主要是因为他们一直认为潜艇并非什么威力巨大的武器，低估了潜艇的作战能力。几个世纪以来，英国皇家海军始终能够保护英国的海上交通。即使在设计未来战争时，他们也基于上述想法，潜艇并不合适防卫性的战略需求。因而英国潜艇数量一直很少，即使到 1939 年，也只有 57 艘。

英德海军协定签订后第 10 天，德国基尔港的海军工厂举行了庆祝"U-1"号潜艇就役典礼。在此前 17 年里，德国一直在悄悄地为建设 U 艇而工作着。他们就这样保持住了 U 艇的骨干力量。

此后，一系列 U 艇陆续诞生。到 1935 年 9 月末，德国形成了一支拥有 9 艘 U 艇的部队。

★潜艇内的饮食条件

德国海军潜艇部队官兵艇上的生活环境和物质待遇如何呢？这是一个比较引人关注的问题。

潜艇一次出航作战可能持续 12 周时间。在出发时，潜艇通常要携带约 14 吨的各类给养品、燃料和鱼雷武器弹药。艇上每个闲置的角落都被尽可能地利用来存放新鲜食品，如鸡蛋、土豆、水果、蔬菜、面包和肉类等等。

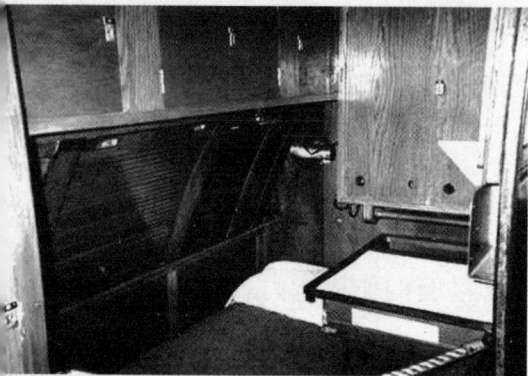

U型潜水艇内的艇长卧室

　　无论是训练还是战时，艇上均可保证潜艇官兵们的一日三餐。除了主食以外，还有咖啡、茶、牛奶、果汁和可可饮料提供。一旦新鲜食品耗尽，那么只能由罐装食品接济。此外，官兵还需补充一些必要的维生素。

　　值得一提的是，潜艇在一段时间内必须要处于水面航行状态，一方面是为蓄电池充电，一方面也为获得足够的航速。但水面的海况较水下差——艇上的火炉无法使用。在这种情况下，艇上没有热食供应。

　　艇内的厨房空间十分狭小，仅能容下两台电炉和一个清洗餐具的水池，而这里要负责艇上50余人的饮食。

2. "狼群" 战术

第二次世界大战时，"狼群"战术和"闪电战"是德军初期屡屡获胜的法宝。其中，"狼群"战术是德国"狼头"邓尼茨首创的海战战术。

大西洋具有悠久的航海历史，是世界海上航运的中心之一。20世纪初期，大西洋的海运货物量占世界海运货物量的75%。第二次世界大战爆发前夕，大西洋海运货物量仍占世界海运货物量的70%。因此大西洋上的海上运输航线，对世界政治、经济、军事都具有非常深远的影响。

根据英国岛国非常依赖海上运输的致命弱点，德国海军一开始就以破坏英国海上运输交通线为主要目标。因为德国海军实力远逊色于英国海军。德国海军编有战列舰队、侦察巡逻舰队和潜艇舰队，总兵力约16万人，作战舰艇主要有2艘战列舰、3艘战列巡洋舰、2艘重巡洋舰、6艘轻巡洋舰、22艘驱逐舰、20艘护卫舰，57艘潜艇，总吨位约35万吨。

邓尼茨总结第一次世界大战潜艇作战的经验教训，采纳德国王牌潜艇艇长克雷契马的建议，在海上演练"狼群"战术，以最大限度破坏英国的海上运输线。

U型潜水艇内的鱼雷舱

"狼群"战术主要内容为：

1. 事先将若干潜艇组成"狼群"在敌船队的航道上垂直展开。由具有经验或资深的潜艇艇长担任"狼头"，负责具体指挥"狼群"的协同作战。

2. "狼群"平行搜索敌船队，艇与艇间隔15～20海里。"狼群"正面搜索宽度300～400海里。

3. 任何一艘潜艇发现敌船队后，立即报告岸上指挥所，并命令艇群迅速航行至船队前方，白天在视距以外跟踪，夜间以水上状态实施鱼雷攻击，对掉队的单艘舰船也可进行炮击。

4. 天明前停止攻击，脱离船队至视距以外，日落后再次接近攻击。

据此，邓尼茨又提出潜艇建造方案。他要求建造排水量 500 吨左右的潜艇，反对建造重型潜艇。这种潜艇前后均有鱼雷发射管，能同时携 12 ~ 14 枚鱼雷；下潜时间只需 30 秒，水下和水面操纵都很方便；时速可达 16 节，作战最大半径为 8700 海里。

一艘 U 艇正在吊装鱼雷

1936 年，邓尼茨晋升为潜艇部队司令后，从军官选拔到拟定训练计划，从组织战术演习到研究具体技术问题，都亲自过问，并同下级官兵保持密切联系，逐步树立了自己的威望。

"狼群"战术的实质是集中弱小舰艇的力量来"群殴"和摧毁重型舰艇。在行动中，一般要派出数艘舰艇在海上进行游猎，一般都在夜间攻击，并有一艘"狼头"舰来指挥"群狼"统一行动。通常的做法是，当发现目标时，各潜艇便从对方护卫舰队的间隙或侧翼隐蔽地穿过去，躲过其火力打击，向目标靠近。白天，各潜艇在四面八方占领有利攻击阵位，隐蔽在水下，夜间突然升出水面，同时向目标发射鱼雷。"狼群"战术因此而得名。

★德国海军潜艇部队的招募与训练

大战爆发之前，海军征兵标准对新兵的年龄限制是 17 岁到 23 岁。应征者必须在登记表上详细填写个人情况，如：身高、体重、年龄、种族、政治信仰以及一些包括教育背景、技术能力、外语能力、运动素质在内的其他情况。除了递交填写好的登记表以外，应征者还必须提供两张登记照片以及志愿证明，必须由警方提供以证明自己无犯罪前科，而且所提交资料完全属实。

此后不久，德国海军的征兵标准还加上了必须是纯正雅利安血统和德国国籍的限制。如果上述审查得到通过，应征者们必须填写一份问卷并接受当地医疗机构的身体检查。

两艘 U 型潜艇正在进行海上救生训练

即便这一切都得以顺利通过，审查也远未结束。新兵们还必须到当地军事管理区登记处进行更严格的身体检查和书面审查。在顺利通过资格审查后，训练才正式开始。

在纳粹党执政的德国，完成基本教育的适龄年轻人都将在德国劳工局接受为期 6 个月的工程建设科目实习。完成实习的人可以随时准备被应征入伍。接到入伍通知的新兵将会得到一个印有个人编号的军事通行证，这个证在以后相当长时间内保持有效，除非其所有者战死或退伍。

德国人向来重视宣传的重要性，取得重大战绩的潜艇及其指

潜艇内的机械师

挥官都被大肆宣扬报道，潜艇作战王牌们的照片甚至被制成了明信片。而战争初期海上力量占据绝对优势的英国皇家海军在德国潜艇面前丢尽颜面，也使德国百姓们深受潜艇部队官兵的鼓舞。德国有相当部分人以加入潜艇部队为荣。

一艘悄然出海的 U 型潜艇

3. "饿狼"出击

1939 年 8 月 19 日，德国就已经着手进行战争准备。邓尼茨命令第 7 支队的 5 艘潜艇从基尔出发，第 6 支队的 5 艘潜艇从威廉港出发，前往大西洋，以便战争一爆发就可立即实施攻击。8 月 31 日，德国最高统帅部发布第 1 号作战训令，规定海军的任务就是以英国为重心开展"破交战"。

9 月 1 日，德国进攻波兰，第二次世界大战全面爆发。此时，德军现役的 57 艘潜艇中只有 22 艘适宜远洋作战，其余 35 艘中有 11 艘尚未完成备战，24 艘是只能在北海活动的小型潜艇。加之潜艇基地远离作战海域，所以没有足够的力量实施集群作战，只能进行单艇"破交"作战和布雷。

1939 年 9 月 3 日晚 9 点，满载 1400 名乘客的英国"雅典娜"号邮船在北海希里底群岛以西 170 海里处的海域航行。在未接到任何警告情况下，一艘潜艇突然发射鱼雷将其击沉了。结果，共有 112 人死亡，其中有 28 名美国人。

"雅典娜"号邮轮被击沉后，英国认为德国很可能已开始实施无限制潜艇战。为确保大西洋航线安全，英国海军出动航空母舰执行反潜使命。"皇家方舟"号航空母舰前往西北部海域，"勇

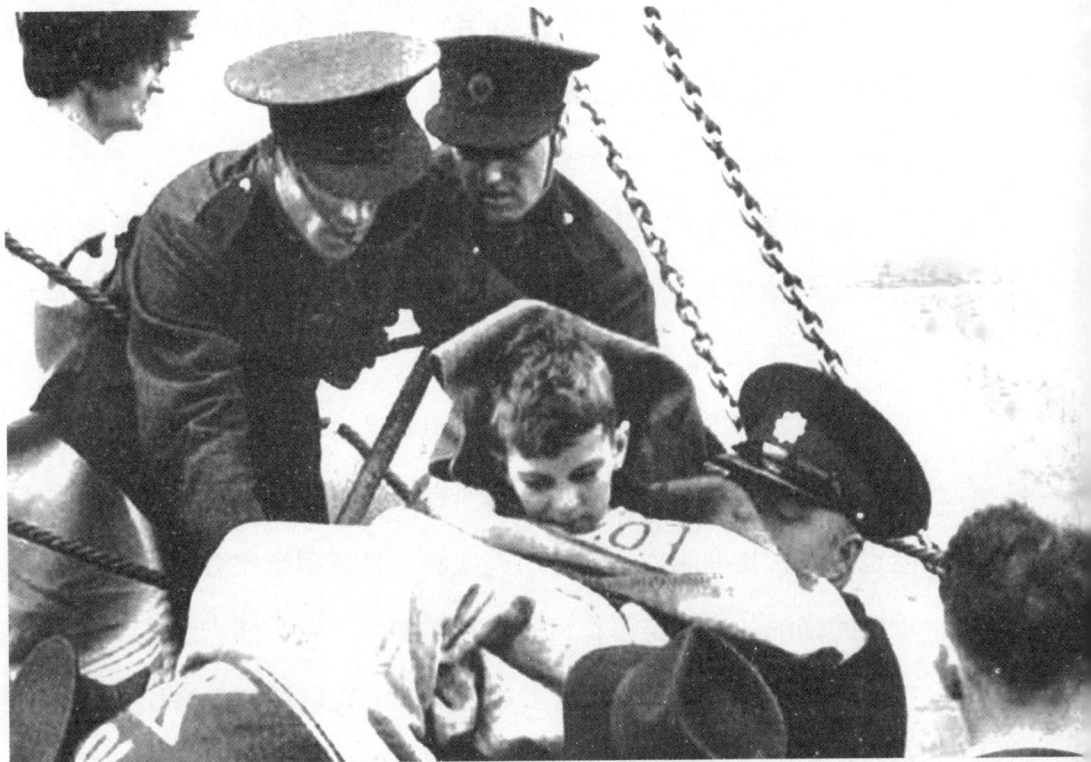

"雅典娜"号邮轮上幸存的小男孩

敢"号航空母舰和"竞技神"号航空母舰则前往西南部海域。

9月17日黄昏,"勇敢"号航空母舰由4艘驱逐舰掩护,在爱尔兰以西海域进行反潜巡逻。当接到发现德国潜艇的报告后,"勇敢"号航空母舰立即起飞舰载机,并抽调2艘驱逐舰前去搜索。不久,正当"勇敢"号航空母舰接受返航的舰载机着舰时,被德军"U-29"号潜艇发现。"U-29"号潜艇艇长舒哈特当即决定予以攻击。"U-29"号潜艇迅即突破英军的警戒圈,向"勇敢"号航空母舰发射了两枚鱼雷。两雷全部命中,仅仅20分钟后,"勇敢"号航空母舰就爆炸沉没。全舰 1200 名官兵中包括舰长琼斯在内的 514 人阵亡。"U-29"号潜艇随即遭到英国驱逐舰的深水炸弹反击，但它成功摆脱了攻击，安全返回。

德国潜艇击沉英国航空母舰不到一个月后，又奇袭英国本土的斯卡帕湾成功，击沉了"皇家橡树"号战列舰，让英国海军撕心裂肺。

斯卡帕湾位于苏格兰东北部的奥克兰群岛，东临北海，西接大西洋，是一个易守难攻的天然海军良港，其战略地位十分重要。军港也很大，几乎能容纳英军所有舰艇，是英国皇家海军本土舰队最重要的锚泊基地。英军在该基地布防相当严密，斯卡帕湾 7 个入口中，6 个布置有防潜网和水雷区，第 7 个入口是柯克海峡，航道狭窄，水流湍急，暗礁密布，形成了天然的障碍，所以英军没有在此布设防潜网和水雷。

第一次世界大战时，德国潜艇曾两次企图突入斯卡帕湾，但均被英军发现而遭击沉。第二次世界大战爆发后，邓尼茨盯上了斯卡帕湾，他召见了在德国潜艇部队中以技术高超而闻名的"U-47"号潜艇艇长普里恩，命令其秘密进行突破斯卡帕湾的可行性研究。

经周密准备，10 月 8 日，普里恩指挥"U-47"号潜艇从基尔出发。13 日 4 点，"U-47"号潜艇悄然到达奥克兰群岛东部海域，随即潜入海底，使艇员得到休息。19 点 15 分，潜艇浮出海面，开始闯入柯克海峡。普里恩关闭柴油发动机，仅以电力发动机提供动

"皇家橡树"号战舰

"皇家橡树"号战舰被击沉前后

力，凭借着高超的驾驶技术，克服水流湍急的困难，绕过了沉船和串联其间的钢索，于10月14日零点27分顺利突入斯卡帕湾。

1939年10月15日凌晨2点，斯卡帕湾突然响起了巨大的爆炸声。随即，英国皇家海军的"皇家橡树"号战列舰燃起熊熊大火，没过多久便迅速沉入海中。许多尚在梦中的官兵还没弄清怎么回事，便随着战列舰一起葬身火海，包括第一战列舰分队司令梅勒在内的833名官兵，无一生还。

英国皇家海军最强大的主力舰"皇家橡树"号战列舰莫名其妙地被炸沉，成为第二次世界大战中英国损失的第一艘战列舰。时任英国海军大臣丘吉尔得知此事，痛心不已，称这是英国"皇家海军史上最黑暗的一天"。因为"皇家橡树"号战列舰曾多次作为英王的座舰出访各国，舰上的贵宾室内永久性地摆放着英王的宝座，墙壁上悬挂着历代英王的画像。在英国国民眼里，"皇家橡树"号战列舰成为战无不胜的英国皇家海军的象征。

事件发生后，英国皇家海军成立了由15名专家组成的调查委员会。经过分析与勘察，委员会得出结论："皇家橡树"号战列舰是被德国潜艇发射的鱼雷击沉的！然而，在专家们看来，这简直是天方夜谭，因为斯卡帕湾的航道狭窄曲折，基地入口处设有浮动炮台和封锁船，连一般的水面舰艇通过都需要导航员引导，基地指挥官曾断言："斯卡帕湾不存在来自海洋的威胁！"专家无法想象，德国潜艇能够在深夜从水下绕过重重障碍进入港内。百思不得其解的丘

"U-47"号潜艇的艇员事后受到欢迎的场面

吉尔下令将斯卡帕湾海军基地高级军官统统撤职。不过，丘吉尔对外则谎称，"皇家橡树"号战列舰是因锅炉爆炸沉没的。

德国潜艇相继击沉"雅典娜"号邮轮，击沉"勇敢"号航空母舰，击沉"皇家橡树"号战列舰，让德军统帅部意识到了潜艇的巨大作用，并开始重视潜艇部队建设，并加紧潜艇制造。德国的"狼群"战术也越来越令人战栗。

★潜艇部队的建设和训练工作

德国海军对潜艇部队的建设和训练工作始于1933年，当时的训练机构是位于基尔的反潜技术学院。表面上来看，反潜技术学院为培养反潜防御专业人才而设，但实际上却是德国最早的潜艇学院。学员在反潜技术学院将接受一系列潜艇的设计与建造、潜艇作战专业理论、潜艇武器系统、柴／电推进系统理论以及逃生训练等科目的学习。

1935年，德军第一潜艇舰队成立，舰队中拥有"U-7"号潜艇到"U-12"号潜艇（"U-1"号潜艇到"U-6"号潜艇则作为训练艇隶属于位于诺伊斯市的潜艇学院）。这些潜艇全部是Ⅱ型近岸

德国海军水手正在清洗潜艇甲板

作为嘉奖，"U-47"号潜艇全体艇员与希特勒共进晚餐

潜艇，人称"独木舟"。这样，潜艇学员们拥有了更多机会来进行实践。

第二次世界大战爆发时，德国单独成立了德国海军潜艇训练舰队。1940年4月，德国海军潜艇训练舰队改编为第一潜艇训练舰队，并在波罗的海建立了基地。7个月之后，德国又成立了第二潜艇训练舰队。到大战结束时，德国海军共拥有4支潜艇训练舰队。在训练中，对潜艇尽量进行类似实战的下潜训练，以及各种干扰试验，如深水炸弹和航空炸弹的攻击，直到主机和升降舵在水下航行中完全失去作用为止。

在战争初期，潜艇部队的艇员都接受过长达 6 个月的潜艇作战训练。但此后由于作战部队迫切的需要快速补充人员损失，训练时间被大大缩短了，有时甚至减至两个月。

直到 1941 年中期，潜艇部队的艇员还能称得上是义务兵，但随着战争的逐步推进，德国海军遭到的人员损失必须得到及时补充，许多海军其他部门的新兵未经必要训练就被抽调到潜艇部队。到大战将近结束时，德军 36% 的潜艇指挥官都缺乏必要的训练。

"U–47"号潜艇炫耀代表战绩的三角旗

　　英国战时内阁首相丘吉尔在回忆录中特别指出"战争中唯一真正让我害怕的是德国海军的潜艇"！事实的确如此，在德国放弃"海狮"计划（即对英国的登陆作战）之后，德国潜艇一直是环游于英国周围海域的最主要威胁。

　　与太平洋战争相比，大西洋上"狼群"出没，潜艇战与反潜战贯穿整个战争始终。严格地说，它不是一次海战，而是一场由无数次战役和战斗组成的旷日持久的海上战争。英国感受到失败和痛苦的，不是德国坦克那疾风烈火、摧枯拉朽的闪电突击，也不是德国飞机铺天盖地、夜以继日地狂轰滥炸，而是德国潜艇对海上运输的"破交"作战——德国潜艇活动最猖獗时几乎掐断了对于英国至关重要的大西洋航线，几乎已经牢牢扼住了英国的咽喉。

　　这场围绕海上交通线的殊死搏杀，持续了5年8个月，贯穿于整个战争期间，不仅对战争胜负，而且对战后海军发展都产生了巨大影响。

第三章

海狼行动

★油轮与货船高耸的船身，总是以夜空为背景浮现出来，成为 U 艇攻击的最好目标。U 艇的舰长们一旦获悉英军护送船队的情报，而所判断的又有利于自己时，就立刻展开凶猛的战斗。U 艇通常驶入盟国船队中央，从最近距离展开百发百中的攻击。这就是 U 艇的"黄金期"。

★他们的死不仅意味着 U 艇"英雄"已不复存在，同时也暗示着必须把"狼群"作战规模扩大，并以此作为基本战术。"狼群"作战对抗英军的护卫技术提高，必须依循群攻的作战方式。英国清楚地了解了德国的新战术。

★邓尼茨预言：U 艇将受到重大损害，必须立刻把德国人拉回到现实之中。英国海军部认为，邓尼茨的这场广播乃是一种暗示，表明他决意要对大西洋航路再度展开攻击。这一回可以说是判断对了。

1. "吞食"航母

1939年9月,英国"皇家方舟"号航空母舰和"勇敢"号航空母舰分别带领一支反潜舰队出海。9月17日黄昏,"勇敢"号航空母舰遇到德国潜艇被炸沉。"皇家方舟"号航空母舰的命运却是一波三折。

9月14日,"皇家方舟"号航空母舰在赫布里底群岛海域搜寻

第820中队的飞机飞在"皇家方舟"号航空母舰上空

邓尼茨与 U 型潜艇艇员握手交谈

德国潜艇。它派出 4 架侦察机进行低空反潜搜索。就在此时，德国"U-39"号潜艇发现了它。艇长立即下令做好战斗准备。而"皇家方舟"号航空母舰却毫无察觉，大摇大摆地驶进了潜艇鱼雷的有效攻击范围。"U-39"号潜艇两雷齐射，两枚鱼雷航迹笔直地冲向"皇家方舟"号航空母舰。幸运之神在关键时刻照顾了"皇家方舟"号航空母舰——德军鱼雷兵匆忙之中没来得及将引信装好，使鱼雷提前爆炸。护航的驱逐舰如梦初醒，4 艘驱逐舰冲上前猛投深水炸弹，在极短时间内一口气投下数十枚深水炸弹。

"U-39"号潜艇来不及逃远，被密集而猛烈的爆炸炸伤。艇长见潜艇遭到重创，再不上浮就要永远沉在海底，只得下令上浮。最终全艇官兵都成了英军的俘虏。"U-39"号潜艇因此成为第二次世界大战中第一艘被击沉的德国潜艇。

巨大的爆炸声引起了附近德军的注意。德国海军也没闲着，正全力调集附近海域的潜艇前来支援。"U-556"号潜艇最先赶到，并成功逼近到离"皇家方舟"号航空母舰仅400米处，能清楚看到航空母舰上正在进行的起飞准备。可惜"U-556"号潜艇已在先前的巡航作战中用完了所有鱼雷，只能束手无策地作壁上观。

"皇家方舟"号航空母舰侥幸脱险，此后于1940年5月26日击伤了德国最大战列舰"俾斯麦"号战列舰；于1941年2月9日对里窝那和比萨进行轰炸，并在斯佩西亚海面敷设水雷。德军因此

希特勒青年团介绍德国海军潜艇

对英军"皇家方舟"号航空母舰恨之
入骨，处心积虑地想除掉它。

为支援北非作战，掐断德国隆美
尔非洲军团的海上补给，"皇家方舟"
号航空母舰奉命运送飞机到马耳他。

1941年11月12日，"皇家方舟"
号航空母舰从英国本土运载37架"飓
风"式战斗机到达马耳他。13日下午，
在距直布罗陀50海里处，"皇家方舟"
号航空母舰被德国潜艇"U-81"号发
现。德军复仇的机会来临了。艇长古
根伯格指挥"U-81"号潜艇向"皇家

"U-81"号潜艇艇长古根伯格

方舟"号航空母舰发射了4枚鱼雷。其中1枚鱼雷命中"皇家方舟"
号航空母舰舰岛下方的右舷。几分钟后，"皇家方舟"号航空母舰
的主机停止运转。

11月14日凌晨，"皇家方舟"号航空母舰的锅炉爆炸。1小时
后，它悲壮地沉入了海底。温斯顿·丘吉尔对此事件写道："一切挽
救这艘船的企图都失败了，于是在我们许多战事中战绩显赫的这艘
有名的老资格军舰就在离开直布罗陀只有25海里航程的时候沉没
了。这是我们在地中海上的舰队所受到一系列惨重损失的开端，也
是我们在那里的在以前从来不为我们所知悉的一个弱点。"

"皇家方舟"号航空母舰沉没瞬间

　　"皇家方舟"号航空母舰被击沉令英国海军大出意外。其实，德国潜艇在第一次世界大战中就发现直布罗陀海峡有很强的逆流存在。由于地中海的盐度远高于大西洋，所以密度相对较大，在海底一定深度内，存在着一股从大西洋流向地中海的逆流。在这个深度上，德国潜艇关闭马达，顺流通过狭窄的直布罗陀海峡，可以轻而易举地避开英国的反潜搜索。

　　1941年9月，德国派遣4艘U艇偷渡直布罗陀海峡，全部安全通过。第二批也只损失了一艘。这些U艇到达地中海以后很快获得了一系列的令人惊讶的战果：1941年11月13日，"U-81"号潜艇击沉了英军"皇家方舟"号航空母舰；11月25日，"U-331"号潜艇击沉了英军"巴勒姆"号战列舰；12月14日，"U-577"号潜艇击沉了英军"活雕像"号巡洋舰。德国的"狼群"战术再次令英国人惊讶。

★潜艇官兵待遇情况

对于艇员们的士气而言，薪水非常重要。实际上，潜艇部队官兵的薪水与其他军种同军阶官兵基本一致，区别在于有些特殊的补助。德国海军潜艇部队官兵可以领取的补助包括"封闭环境服役补助"和"潜水补助"等与特殊技能有关的补助项目，而所有这些补助加起来基本等同于基本薪水的两倍。

除了薪水以外，高质量的特殊训练使得有才能的艇员可以很快得到提升。战时的人员损失大，潜艇立功又相对容易，因而艇员晋升军衔的机会多。而军衔的晋升能带来更丰厚的薪水。正因为如此，休假中的德国海军潜艇部队官兵多半比德国其他军人出手显得

希特勒检阅 U 型潜艇编队

阔绰。

艇员休假管理也是德国海军潜艇部队值得称道的地方。在结束为期12周的战斗巡逻后，潜艇会返回港口进行检修和维护。艇员中除一小部分留在艇上职守外，其余人会得到一次为期12天的假期，而最终所有人都会被轮流安排职守。德国海军潜艇部队官兵休假有专用车接送。他们每半年内可休假两周，而在东线作战的德军要等一年或者一年半才能休假两周。

2. 黄金时期

1940 年 6 月 25 日，法国陷落，向德国投降。德国占领了大部分法国领土，战争潜能大幅增强。邓尼茨终于能实现他建立一支庞大的潜艇部队的愿望。德国潜艇部队从第一次世界大战结束以来一直在缓慢发展着。现在条件已经成熟，德国抽得出来大量人力和物力建造大量潜艇，为实施"狼群"战术提供大量潜艇了。

更重要的是，占领法国海军基地和比斯开湾各港口之后，德国有了使用大量潜艇的便利条件。使用了比斯开湾各港口，德国潜艇有限的航行距离已不再是决定性的因素，从德国到北海通过丹麦诸海峡的那条遥远而又危险的航路也不再利用。德潜艇不必再潜伏在英国海岸附近了，此前德国潜艇在那里不断地遭到英国岸防航空兵的巡逻机和海军驱逐舰的侵扰。

德国潜艇活动更自由了，相对英军的处境就更困难了。曾有一段时间，英国船只受到攻击的范围延伸到了西经 25°的界线。英国海军护航舰艇和岸防航空兵的飞机不仅数量不足，而且活动半径又小，在西经 15°左右就不得不离开护航运输队。

在大西洋西部，哈利法克斯护航部队中的加拿大驱逐舰将运输队护送到哈利法克斯以东约 350 海里的地方，然后加入一支西行的

被鱼雷击中的商船，断为两截，沉入海底

护航运输队。原来那支运输队在一艘辅助巡洋舰的单独护送下继续航行，直到与英国西部海防区的护航舰艇相遇为止。

德潜艇很快集中在加拿大和英国护航兵力活动半径之外的空白区里。结果，德国潜艇轻易就击沉了许多商船。德国人把那段时间叫做"快乐的时光"。

1940 年 6 月后，德国的 U 艇就可以进击到大西洋深处，就可以实施邓尼茨所提倡的"夜间水上攻击"战术。因为在大西洋深处，U 艇时常遇到护卫兵力极少、甚至丝毫没有护卫兵力的船队。

使用"夜间水上攻击"战术，潜艇探测仪发挥不了作用，而利用狄塞尔引擎全速奔驰于水面的 U 艇，根本就不怕性能差的盟军护卫舰艇。而且，在夜间海面上，U艇低矮的指挥塔，很难从驱逐舰高耸的舰桥上被发现。如果驱逐舰点上探照灯，那无疑把自己的位置告知U艇。油轮与货船高耸的船身，总以夜空为背景浮现出来，成为U艇攻击的最好目标。U艇的舰长们一旦获悉英军护送船队的

一艘油轮被潜艇击中后燃起大火

情报，而所判断的又有利于自己时，就立刻展开凶猛的战斗。U艇通常驶入盟国船队中央，从最近距离展开百发百中的攻击。

"U-47"号潜艇是德国众多潜艇中引人注目的一艘。1940年6月14日，"U-47"号潜艇通过潜望镜，发现一支仅有5只驱逐舰护卫的42艘货船的船队。由于船队速度太快，"U-47"号潜艇无法全面开战，只好紧紧盯住最后一艘货船。结果，"U-47"号潜艇仅发一枚鱼雷就把它击沉了。

1940年6月18日早晨，"U-47"号潜艇又发现了一支有20艘的船队。该船队不仅有严密的护卫，而且还有"姗拉德"号飞艇担任警戒。到日落黄昏时，"U-47"号潜艇发起了攻击。第1枚鱼雷发射以后，"U-47"号潜艇紧接着又对其他目标发射第2枚鱼雷。这时，鱼雷发射员摇晃了一下，无意中碰到发射扳机，竟然发出了第3枚鱼雷。想不到枚枚命中，"U-47"号潜艇一口气击沉了3艘商船。几天以后，"U-47"号潜艇又击沉了一艘油轮。

在盟军的舰船接二连三地被击沉同时，"U-47"号潜艇上的鱼雷也告尽了。于是，"U-47"号潜艇驶回基地补充弹药，并让艇员充分休息，以便再度发动有力的攻击。

在"U-47"号潜艇再次出发之前，8月17日，希特勒下达了命令：为了对英国周围的各岛展开全面封锁，U艇舰长有权击沉中立国的船舶。

1940年9月初，德潜艇对SC-2护航运输队的53艘船又一次

"斯卡帕公牛""U-47"号潜艇全体艇员合影

成功地进行了狼群攻击。

9月6日，当护航舰艇加入护航运输队后不久。"U-65"号潜艇击沉了3艘船。第二天，英国"桑德兰"式飞机迫使德潜艇离开了护航运输队，但在8日晚，它们又接近了护航运输队。"U-47"号潜艇击沉了另1艘船。9月9日将近黎明时，"U-28"号潜艇和"U-99"号潜艇赶到，击沉了第5艘船。德国潜艇在没有遭到任何损失的情况下便击沉了5艘船，计20943吨。

邓尼茨紧紧抓住海上的有利情况，把兵力有力地集中到攻击船队方面。在1940年"黄金时期"，德国U艇总共击沉了盟军570多只舰船，给予盟军沉重的打击。

★潜艇生产研究

由于船舶建设工程局的研究，德国潜艇并未落后于国际水准，并设计了第二次世界大战爆发后的主力潜艇。主要有II级、VII级和IX级潜艇，另外还有数量不多的I级、X级、XIV级、XXI级和XXIII级。

II型潜艇是由一战的UB型潜艇改良而来，原设计目的为训练舰，但在大战爆发潜艇数量不够时也被赋予作战任务。VII级潜艇为整场战争中德国潜艇部队的主力，尤其是VII级C型自1941年后一直没停产过。IX级潜艇为I级潜艇改良而来，适合远洋长期作战，作战范围可到太平洋，每艘IX级B型击沉吨位数都达到了10

邓尼茨为 "U-47" 号潜艇艇员亲自颁发二级铁十字勋章

万吨。另外在战争后期，德国开发了 XVII 级潜艇，还有通气呼吸管和新型引擎的 XXI 级和 XXIII 级，以往潜艇水下航速都不过 10 节，但 XXI 级和 XVII 级则分别为 17 节和 25 节，且可以 12 节到 14 节航速潜航 10 小时，能有效对抗盟军的海上巡逻机。

在整场战争中，德国投入了 1162 艘各种类型的潜艇，共有 785 艘以各种形式沉没，有 156 艘向盟军投降。盟军水面舰艇共击沉 246 艘潜艇，岸基飞机击沉 245 艘，舰载机击沉 43 艘，飞机和船舰合作击沉 50 艘，盟军潜艇也击沉了 21 艘。德国共有 32000 名潜艇人员阵亡。在战争期间，德国还开发出数种袖珍潜艇，例如"黑人"型袖珍潜艇，制造了 200 多艘于战争中使用。

德国潜艇除了执行攻击商船的任务外，也会担任运输和与日本交换物资的船只工作。另外，德国还曾研究能够发射 V-2 火箭的火箭潜艇计划，但没完成。

3. 海狼凶猛

1941 年 3 月 15 日，德国"U-110"号潜艇发现了 HXII2 护航运输队，其中有 41 艘商船，由 5 艘驱逐舰和 2 艘轻护卫舰组成的第一护航大队护航。随后，其他德国潜艇也迅速向护航运输队靠拢。

由艇长普里恩指挥的"U-47"号潜艇单独与护航运输队接触。

建造中的 U 型潜艇首部

3月7日下午4点24分，"U-47"号潜艇通报德军司令部盟军船队的位置之后，遭到了英军"乌尔巴林"号驱逐舰的攻击。"U-47"号潜艇迅速潜航，但它的推进器被深水炸弹破坏，回转轴发出的碾轧声，正好被英军驱逐舰的水中测音仪捕捉到。在正确测定"U-47"号潜艇的位置以后，英军新型深水炸弹雨点般地落下。"U-47"号潜艇被击毁，没一人幸存。

"U-47"号潜艇被击毁对德国打击很大。德国最高司令部直

航行途中的"U-47"号潜艇

到 5 月才公布了袭击斯卡巴弗洛港的
"英雄"——普里恩的死讯。"U-47"
号潜艇舰长普里恩的战绩是击沉 28 艘
船舰，总共 160000 吨。能与之匹敌的
有"U-100"号潜艇舰长谢布凯，击
沉 39 艘船舰，总共 159130 吨；"U-99"
号潜艇舰长克莱梅杰尔，击沉 44 艘船
舰，总共 266629 吨。

普里恩

在"U-47"号潜艇被击沉之后
不久，"U-100"号潜艇和"U-99"
号潜艇也遭到噩运。在集体行动中，
"U-100"号潜艇和"U-99"号潜艇
也发现高速船队 HX112，并悄悄地跟了上去。

3 月 16 日日落之前，"U-100"号潜艇受到 3 艘驱逐舰攻击，
然而护卫船队的一部分的队列受到破坏。克莱梅杰尔的"U-99"号
潜艇乘机潜入船队，又击沉了 5 艘船舰。英军驱逐舰全力去救援受
灾船时，"U-100"号潜艇趁机逃出重围，去追击护航运输队。下午
3 点，"U-100"号潜艇受到深水炸弹的攻击，它正浮上海面时，竟
与英国巡洋舰撞了个满怀。结果"U-100"号潜艇被英国巡洋舰击
沉，而舰长谢布凯被击毙。

30 分钟后，"U-99"号潜艇也被发现，被迫浮上来后，但又很

快沉没了。舰长与大部分人员被俘。

　　不到一周，失去3名最勇敢的U艇舰长，这对德国海军来说，是沉重的打击。邓尼茨心情非常沉重，他表示，他们的死不仅意味着U艇"英雄"已不复存在，同时也暗示着必须把"狼群"作战规模扩大，并以此作为基本战术。因为对抗英军护卫技术的提高，"狼群"作战必须依循群攻的作战方式。

德国潜艇的水兵们列队站在甲板上，等候出发

U 型潜艇指挥塔上的守兵

1941 年夏季，U 艇违背了邓尼茨的意愿——除了在大西洋攻击船队之外，还被用到其他领域。由于空军急需，4 艘 U 艇被用于气象观测。又由于对苏联作战，在 7 月从大西洋调走了 6 艘 U 艇参加北极的海上作战，然而北极没有可攻击的船队，U 艇充其量仅承担海洋的警戒任务。

U 艇本来是用来发现并攻击盟军舰只的，居然被派遣担任护卫任务！竟然护卫起辅助巡洋舰、补给舰，乃至那些普通的船舶！据以往的经验，即使只损失 U 艇船队中的一艘，也将严重地影响到舰

"U-552"号潜艇上的官兵

队的战斗力。U 艇的数目一旦减少，不仅很难发现盟军的船队，也很难接触到盟军的船队。

邓尼茨恍然大悟，政治领导阶层居然误解了潜水艇的功能。邓尼茨指出："一般人认为 U 艇总是潜在水中，这是错误的想法。"他把 U 艇称为"能够潜水的舰艇"，同时又补充道，"U 艇通常在水面航行，只有在避开飞机以及驱逐舰等的攻击，或是要在白天展开对敌鱼雷攻击时才潜入水中。"

很快，德国潜艇的建造速度提快了，越来越多的潜艇服役。

1942 年夏，德国潜艇的建造速度比被击沉的速度还要快，准备部署在中、西大西洋的更远程潜艇和供应潜艇正在建造之中。由于已能部署更远程潜艇，为了避开设防的海区，邓尼茨把潜艇由大西洋航线调往巴西沿岸，并深入到加勒比海。

在这个航路上，德军早就决定要投入所有可能作战的 U 艇来孤注一掷。比较起来，到加勒比海作战比到大西洋的路线要远多了。这样，德军可以把行动日程大部分用来攻击英国的船队，同时能最大限度地使用 U 艇。因为 U 艇最大劲敌——反潜巡逻机还不曾伴随在船队的上空。因此，邓尼茨打算尽力抓住这种弱点，继续展开攻击。

对 U 艇来说，船队的燃料受到极度控制，因而不得不通过最短距离的航路。而不利的是，多数乘员技术尚不熟练，多数艇长经验还不足。初期的 U 艇"英雄"早在战前就受过长期训练，并且一直

在以娴熟的技术和自信履行任务。如今，由于U艇的建造计划已步入正轨，到1941年7月，共有331艘艇就役，因而乘员大都是些刚刚受过初级训练的新人。

由于作战需要，U艇总是十分忙碌，刚攻击了一个船队之后，又得转向攻击第二个船队，而在攻击的间隙，必须短时地浮上海面补给燃料。此种作业需要高超的航海技术，同时在海面并排接受燃料补给时，经常得冒着被敌护卫舰与飞机发现的危险，需要保持高度的警惕。这样的作业重复两三次之后，乘员就会感到疲惫不堪，尤其新临战场的乘员，更是感到吃不消。因此U艇必须定期返回基

"U-203"号潜艇在出海前列队

"U-37"号潜艇停靠在港口

地，使乘员休养一阵。

7月27日，邓尼茨通过广播对外宣称，U艇正面临着困难时期，有必要把真相告知当时正陶醉于U艇所带来的巨大战果的德国人。因为德国潜艇部队在6月击沉144艘舰艇，总吨数为70万吨，而7月的战果明显减少。邓尼茨预言：U艇将受到重大损害，必须立刻把德国人拉回到现实之中。英国海军部认为，邓尼茨的这场广播乃是一种暗示，表明他决意要对大西洋航路再度展开攻击。

7月最后一天，一队U艇攻击了两支船队，结果都以失败收场，

"阿西尼波音"号驱逐舰

原因是他们初遭到暴风雨，接着又遭到多雾的恶劣天气。

"U-593"号潜艇又发现了从加拿大向东航行的 SC-94 船队。"U-593"号潜艇一直保持着追踪状态。到 8 月 5 日，其他友艇才集中了过来。船队的护卫兵力有 1 只驱逐舰和 6 只高速护卫舰。

一开始，由于浓雾弥漫，英军驱逐舰受命前去领回几只离开船队的商船。驱逐舰刚一离去，U 艇就用鱼雷攻击"斯巴"号商船。起初浓雾有如漩涡般上升，始终在掩护着 U 艇，然而到 6 日午后，浓雾在一瞬间就消失了。

"U-210"号潜艇浮上海面时，"阿西尼波音"号驱逐舰和"黛安隆斯"号高速护卫舰扑了过来。"U-210"号潜艇急速潜航，然而就在这一瞬间，深水炸弹爆炸了。"U-210"号潜艇严重受创，再也无法潜航了。

雷姆凯艇长在离驱逐舰只有 5 海里的地方，把 U 艇浮到海面上，企图使用狄塞引擎驶离现场。然而，此时浓雾竟然完全消失了。"阿西尼波音"号驱逐舰发现后，再度紧追不舍。"U-210"号

浮出水面的 U 艇

潜艇被赶进了炮弹射程之后，就被一炮命中了指挥塔。

"U-210"号潜艇亦不甘示弱，开火反击，致使"阿西尼波音"号驱逐舰失火，烧死一人，烧伤13人。为了避开"阿西尼波音"号驱逐舰猛撞，雷姆凯巧妙地把"U-210"号潜艇变更了角度。"U-210"号潜艇紧贴着"阿西尼波音"号驱逐舰的侧面以后，使"阿西尼波音"号驱逐舰的大炮无法瞄准它。不久，"阿西尼波音"号驱逐舰再度展开斜面攻势，在通过"U-210"号潜艇时，从舰尾投下了深水炸弹，并且命中了"U-210"号潜艇的艇首。雷姆凯以及乘员不得不弃艇而任其沉没了。幸存者被"黛安隆斯"号高速护卫舰所救起。德国其他潜艇则继续追踪SC-94船队。

8月8日午后，天气晴朗。德国U艇再度展开了攻击。在不到数分钟之内，它们的鱼雷就击沉了5只舰船。SC-94船队内顿时出现了一阵恐慌。未受到攻击的3艘船，关闭了引擎，其船员则惊恐万分改乘到救生艇上。

其中，两艘航船的船员发现他们的船只还未受到攻击后，又再度折回，驾驶船重新起航，而第三艘船"拉多杰其"号运输船的船员则彻底舍弃了该船，任其在无人状态下随彼漂荡，最终被U艇击沉。

8月10日早晨，在盟军飞机从基地抵达现场之前，U艇又击沉了3艘船。这之后，U艇只能一直潜航。邓尼茨不久就发出了停止攻击的命令。在这场战斗里，U艇击沉11艘敌船，总吨数达到

英国驱逐舰上用于反潜的深水火箭弹

52000 吨。

与此同时，在南方的船队航路上，其他 U 艇群也创下了相当可观的战绩。

北大西洋亚索列斯群岛的"空间间隙"，既处在直布罗陀的航空警戒圈外，也处在英国基地哨戒机的行动圈外，U 艇在这个"天堂"作战，创下了相当不错的战果。

8 月 14 日，德国 U 艇攻击了 SL-118 船队后，接着又袭击了 SL-119 船队。它们一共击沉了 5 艘船，总计 42000 吨。

在南方马得拉岛的外海，U 艇成功攻击了 SL-I25 船队。德国 U 艇前后攻击了 7 个晚上，总共击沉了 13 艘商船，总计 86000 吨，而没一艘 U 艇损伤。然而在这几天里，参加北非登陆战的盟军陆军的船队正朝直布罗陀方向航行。SL-125 船队遭受到 U 艇致命打击，使盟军获知了此海域的大部分 U 艇的位置，而得以尽量回避它们，最终保证了他们能顺利登陆。

盟军在北非登陆，是德国情报组织的一大失败，令德军最高司令部大感意外。11 月 8 日，邓尼茨得知美军已登陆摩洛哥海岸，即刻下令直布罗陀与凯布贝尔帝群岛之间的全部 U 艇开到摩洛哥沿岸，又让那些在北大西洋的 U 艇，除了燃料不足者之外，皆集中到直布罗陀海域。

11 月 11 日，U 艇集中到所规定的海域，登陆地点附近，有盟军大量的驱逐舰以及飞机所援护着。再加上陆上的雷达监控，盟军

"U-552"号潜艇水面航行时，高度戒备

二战盟军北非登陆

的警戒非常严密。

　　尽管如此，德国U艇还是展开了凶猛的攻击。"U-173"号潜艇首先突破了防御戒哨线，袭击了3只舰船。11月12日黄昏，"U-150"号潜艇沿着近岸海面潜航，用潜望镜探望海面，以此方法击沉了3只运输船。

　　不过，邓尼茨不很喜欢在直布罗陀外海使用U艇，因为盟军在那儿的舰船虽然很多，但是盟军的海空警戒严密，使德国U艇很难有所作为。甚至有不少U艇在展开行动之前，即已遭到了破坏。

　　11月中旬，海军司令部下令邓尼茨把30艘U艇配备到直布罗陀海峡外海，并补足地中海所失去的 U 艇。邓尼茨立刻提出强硬的反对意见，结果 30 艘 U 艇被减为 12 艘。至于地中海方面，则不管损失多少，只补充了 4 艘 U 艇。

事实上，德国 U 艇不仅在北大西洋的主要航路拿出了硕大战果，同时也使盟军的护卫兵力从主战场分散到其他海域。

和水面舰队驻于挪威的情况相比，大西洋海战逐渐进入白热化阶段，双方投入之兵力甚多。邓尼茨取得了希特勒的信任加速生产潜艇。狼群规模越来越大。

即将沉没的盟军运输船

★德国潜艇种类

第二次世界大战中德国海军建造了大量潜艇，大致可以分为4类：

第一类是航程有限的小型潜艇，又称近岸艇，水下排水量不超过300吨，航程不超过3000海里。

第二类是航程较长的大型潜艇，又称远注舰，适合深入大洋，甚至靠近对方海岸作战。

第三类是大西洋潜艇，这是德国潜艇部队的主力。

第四类是辅助潜艇（如布雷潜艇、补给潜艇等）。

其中，近岸艇型主要是Ⅱ型和XXⅢ型，Ⅱ型艇又有ⅡA、ⅡB、ⅡC、ⅡD共4个改型。其中建造数量较多的是ⅡB有20艘，ⅡD有16艘。XXⅢ型于1943年开始建造，共有61艘艇服役。

远洋艇型主要是Ⅸ型，共有基本型和ⅨB、ⅨC、ⅨC／40、ⅨD等4种改型。其中ⅨC型艇建造数量为141艘（含ⅨC／40型）。

大西洋艇型主要是Ⅶ型，该型艇共有5种型号：ⅦA、ⅦB、ⅦC、ⅦC／41、ⅦC／42。其中ⅦC型艇是纳粹德国建造数量最多的潜艇，共659艘（其中568艘为ⅦC型,91艘为ⅦC／41型）。该型艇最后的改型ⅦC／42还没来得及投产，就被先进的XXI型艇取代。XXI型艇共建造了164艘，是纳粹德国性能最好的潜艇。该型潜艇对战后常规潜艇的发展产生了深远的影响。

各型辅助潜艇产量都不大，布雷潜艇ⅦD型和XB型产量均不

一艘 U 型潜艇正在靠近盟军船队

超过 10 艘；补给潜艇Ⅺ V 型共有 10 艘服役。

　　第二次世界大战德国潜艇战主要作战艇型 I 型潜艇、II 型潜艇、VII 型潜艇、VIIC 型潜艇、IX 型潜艇、IXB 型潜艇、IXC 型潜艇、XI 型潜艇、XB 型潜艇、XXI 型潜艇。

　　德国 U 艇都是用数字来区分，像 2 型 7 型 9 型 21 型等。字母 V 代表 5，X 代表 10，I 代表 1。X 前加 I，就是 10 减 1；X 后加 I，就是 10 加 1。21 型就是 XXI 级，10 加 10 加 1 等于 21；而 IX 级就是 10 减 1，9 型。同样理解 VII 级就是 5 加 2，7 型。

第四章
魔道之争

★英国情报机构在战争开始前搞到了一部德国军用"埃尼格玛"密码机，这部密码机是被波兰情报人员偷来的。德国人用这种密码机收发传送所有绝密作战命令，每艘潜艇都装有一部。在军事情报六处处长休·辛克莱领导下，"埃尼格玛"机的密码系统逐渐被 F·W·温特伯瑟姆空军上校破译了。

★鉴于英军雷达的巨大威胁，邓尼茨召集了很多科学家研制雷达接收装置，最终研制成功被称为"ECM"的反探测装置，能够接收到英军机载雷达在 48 千米之外发射的雷达波，比雷达发现潜艇的有效距离远两倍。

★邓尼茨根据这一情况，立即着手调兵遣将，组织一场大规模的围歼战，先后调集了"箭"艇群的 13 艘潜艇和"双刃剑"艇群的 7 艘潜艇。德国潜艇张网以待的正是从加拿大开往英国的 SC-118 护航船队，共有 63 艘运输船，护航兵力为 3 艘驱逐舰、4 艘护卫舰和 1 艘驱潜快艇。

1. 反潜意识苏醒

华盛顿会议之后，英国海军要维持一支强大的主力舰队，以便对付来自远东的日本和来自大西洋彼岸美国的威胁。日本和美国都有强大的舰队，潜艇在其重型兵力作战中只起辅助作用。为保护运输航线免遭敌巡洋舰攻击，英国海军在两次大战之间集中力量建造巡洋舰，其次是驱逐舰，以对付日本和美国新建的驱逐舰，并向舰队提供反潜保护。小型护航运输队的反潜护航舰只在对付水面舰艇攻击时力量明显不足。由于缺乏资金，反潜舰艇几乎得不到补充。

1919 至 1939 年间，英国海军潜艇演习的主要内容是攻击密集配置的大型军舰，那些舰只的航速很快，并有驱逐舰护航。潜艇的主要危险是在潜望镜遭到撞击。考虑到无限制潜艇战是被禁止的，所以英国海军的反潜演习是作为舰队正常作战活动的一部分进行的。在这一时期，英国研究反潜战术是以英国潜艇所能完成的任务和英国海军如何进行潜艇战为依据的。

当时，美国海军虽然在研究声呐方面不太先进，但在 30 年代初进行了许多次演习，研究了如何防护慢速护航运输队免遭各种攻击的问题。只不过，美国海军对演习成果却很少加以采用。

20 年代初，英国"韦赛克斯"号驱逐舰、"韦斯科特"号驱逐

英国反潜驱逐舰编队

舰、"韦斯敏斯特"号驱逐舰和"温泽"号驱逐舰上装备了声呐，以供舰队试用后评价。结果试用效果很好，英国海军部决定在新设计的驱逐舰上装备声呐。最初，英国海军只在一部分驱逐舰上装备声呐和深水炸弹，其余的装备上驱逐舰扫雷具。1931 年 E 级驱逐舰出现后，英国海军所有驱逐舰都装上了声呐。

1933 年，德国无视《凡尔赛和约》，重新建立海军。同一年，一种演练声呐使用方法的临时装置在"鱼鹰"号驱逐舰上使用。

1935 年 2 月，英国海军情报处得到德国Ⅶ型远洋潜艇的一整

英国用于反潜护航的航母编队

套图纸。此时，德国已为芬兰设计建造了几艘潜艇，其中一艘用以训练德国的潜艇人员，准备把那些人员配备到德国的第一艘潜艇"U-1"号潜艇上去。"U-1"号潜艇自 1918 年开始建造，于 1935 年 6 月 29 日服役。

不仅如此，在战争开始前，英国情报机构还搞到了一部德国军用"埃尼格玛"密码机。这种收发报机是德国人用来收发传送所有绝密作战命令的，每艘潜艇都装有一部。

在军事情报六处处长休·辛克莱领导下，F·W·温特伯瑟姆逐渐破译了"埃尼格玛"机的密码系统。到战争爆发时，英军已能根据破译的讯号、密级、收报地点等对报文内容进行非常准确的判断。很少有人知道这种机器，也很少有人知道英国能破译某些德国报文，但消息还是慢慢地传到了英国海军部情报室。

得知德国已经暗中破坏了《凡尔赛和约》，开始建造潜艇，并可能公开撕毁该和约。英国政府与德国协商签订了新协定。但新协定却埋下了德国潜艇发展成为庞大舰队的种子，从而使邓尼茨能够施展他的"狼群"战术。

当时，英国允许德国建造潜艇有以下两个原因：

1. 德国声称它再也不会发动无限制潜艇战。

2. 1919 年 9 月，英国空军部开始实行了由特伦查德制订的一个方案。根据该方案，空军成立了岸防航空兵。岸防航空兵的空军指挥官在有关海空协同作战的所有问题上全都要与海军部取得联系。空军部负责岸防航空兵的供给、维修和人员。1917 年已明显看出，与空军密切协作的海军部队能够遏制住敌人对有严密组织的护航运输队进行的无限制潜艇战。但新成立的英国空军部队从 1918 年 6 月开始实施的空袭引起了新闻界

"埃尼格玛"密码机

德国"U-81"号潜艇击沉英国"皇家方舟"号航空母舰

和公众的幻想，也影响了许多空军军官的看法，从而导致空军委员会在战后正式采取了战略轰炸的政策。特伦查德在阐述这一观点时说："袭击的目的是为了从一开始便摧毁敌人的武器生产中心，停止其全部交通和运输。"

在这里，反潜没被放在重要位置上，因为英国人估计装有声呐的驱逐舰能够胜任这项任务。

到战争爆发时，某些后来在击败德潜艇中起了很大作用的武器和装备至少已在进行试验和研制了。对付这场可能爆发的战争，英国仅仅只有三年准备时间，重要的显然是尽快扩充整个武装部的力量。因此，刚刚进入试验或研制阶段的长远项目不得不暂时下马或放慢速度。1939年，交战各方急需的是武器装备的数量而不是质量，依靠的是已过了关但也过了时的设计，即使如此，也不能完全满足新条件下战争的需要。

★邓尼茨和他的"狼群"战术

1918年10月初，邓尼茨指挥潜艇在地中海马耳他海域袭击了一支英国护航船队，袭击成功后，潜艇发生了故障，匆忙上浮时，无奈钻进了英国护航舰队的中间，紧急下潜已经来不及了，猛烈的炮火击穿了潜艇的外壳。他一言不发，被手持步枪的英国水兵押上了英国驱逐舰。就这样，后来大名鼎鼎的邓尼茨，在战争结束前夕成了英国人的俘虏………

1918 年 11 月 11 日，德国战败，第一次世界大战结束，战俘们盼望已久的日子就要来到了。然而，这兴奋之潮却没能打动这位年轻的德国海军上尉，他仍像往常一样沉默不语，对刊登着停战消息的报纸并不十分在意，看过以后就扔掉了。此时的邓尼茨仍在苦苦思索着德国为什么会战败。

其实在第一次世界大战中，德国潜艇击沉的商船总数达 5906 艘，总吨位超过 1320 万吨；击沉的各种战斗舰艇共达 192 艘，其中有战列舰 12 艘，巡洋舰 23 艘，驱逐舰 39 艘，潜艇 30 艘。U 型潜艇以其卓越的水下机动性和作战能力战绩辉煌，在海上出尽了风头，但仍没能挽救德国失败的命运。

"英德战争还会爆发！"当时邓尼茨就认准了这一点。"有什么方法能够从海上打败英国？"邓尼茨苦思冥想这个问题。

深夜，战俘营外空旷的山野里，一群野狼疯狂地追杀着猎物，凄厉的叫声惊醒了邓尼茨。"对，狼群最具有杀伤力。应该驯养一批海上的'狼群'！"

邓尼茨终于有了明确的计划。

不久，邓尼茨回到了德国，重新加入了海军。德国潜艇部队也重新组建，邓尼茨担任了威丁根潜艇支队的支队长。

邓尼茨有狼一样的性格，他深信潜艇必须集结成群，才能打破英国人的护航体制。就任支队长后，他将自己筹划多年的潜艇"狼群"战术投入了训练。到 1939 年 9 月战争爆发时，他的"狼

U 型潜艇发射鱼雷击中盟军的运输船引起的爆炸

群"战术已十分完善了。在第二次世界大战中，他训练的潜艇部队像"狼群"一样肆虐与大西洋和地中海，几乎断送了大英帝国的命运。

英国首相丘吉尔在战后的回忆录中心有余悸地写道："战争中，唯独使我真正害怕的是德国潜艇的威胁！"

2. "技"高者胜

反潜作战作为一门科学，意味着海军应该为反潜装备配备技术熟练的操纵人员。在英国海军，新设立反潜作战部门的核心是以前的水听器操纵员和军官，他们已成为使用水听器的反潜作战专家。英国海军挑选了一批有特殊听力和辨音能力的人员，把他们训练成能从与潜艇接触信号中辨别出潜艇回波的操纵人员。在这些人员手里，声呐装置变成了真正有效的探测工具。

位于英吉利海峡的波特兰岛被选作反潜科研机构的基地，波特兰岛周围的环境对试验反潜设备和进行反潜训练非常理想。那里海水比较浅，有很大的潮汐流，还有许多沉船。因此，在波待兰训练的操纵人员能熟练地解决声呐中出现的许多问题。

美国海军那时还没有那样的理想机构。声呐研制工作由商业企业负责，因而在浅水中探测潜艇以及操纵人员需要有专门的听力技巧等问题都没被充分重视。此外，美国一直没有专门的反潜训练中心。到1939年，美国才在休斯敦的潜艇基地设立了一所声呐学校（1940年9月迁到基韦斯特）。直到1941年底，美国仔细地调查了英国海军的训练方法之后，才在美国海军学校设立了专门的反潜训练科目。

英国海军舰船尾部装备的拖曳式声呐

到 1939 年，在英国海军中大约有 40 名舱面军官受过了反潜作战的专门训练。反潜学校还另外训练了 12 名英国海军军官、海军志愿后备队军官和各自治领的海军军官。课程大约要进行 9 个月。在格林威治集中学习有关声音在水中传播和高频电子学的理论知识，在波特兰的"鱼鹰"号驱逐舰上，学习当时正在使用或即将使用的声呐装置的构造、保养和维修。学习的课程还包括在反潜情况下，操纵护航舰艇一定的能力，如组成反潜警戒幕和组织猎潜等。

考试合格后的军官通常要在反潜学校任教一段时间，以便在就任驱逐舰大队的反潜业务副长之前获得更多的经验。

反潜专业士兵分三种等级，潜艇探测员、高级潜艇探测员和潜艇探测教官。潜艇探测员在彼特兰接受三个月的训练，学习操纵当时正在使用的各种声呐装置和学会分辨各种回波，还要学会在操纵时对声呐装置进行各种必要的调整；高级潜艇探测员是从潜艇探测员中挑选出来的，至少要有一年使用声呐的经验，他们要学会保养机器和进行简单的日常修理，还要接受作为操纵人员的另外训练；潜艇探测教官是经过训练并且考试合格的非常有经验的高级潜艇探测员，训练的科目包括一定数量的基础理论、大量的实际维修和保养经验，还要有非常高的操纵技巧。

战前，每艘驱逐舰配有 1 名舰长和另外 3 名舱面军官。只有舰长学完了舰炮、航海及反潜等部门中某一部门的全部专业课程，其他军官都只是学完各专业课的简要课程，并考试合格。这些知识足以使他们在各大队业务长的指导下，担负起军舰上各个部门的工作。这些简要课程之一是反潜控制军官教程，只学习两周。在这段时间内，军官们要学习反潜作战的基本理论，这些理论将能使他们懂得潜艇探测员的任务和困难；懂得在声呐装置得到接触信号后应如何操纵舰艇。每艘驱逐舰有 6 名反潜探测员，即 3 名反潜探测员和 3 名高级反潜探测员，在每个大队（通常由 9 艘驱逐舰组成）的参谋人员中有 2 名反潜业务长和 2 名潜艇探测教官。

　　波特兰反潜学校包括英国第一反潜纵队的舰艇（有"鹭鸶"号巡洋舰、3艘"V"和"W"级驱逐舰、6艘"翠鸟"级巡逻艇），由2艘舰艇和1艘潜艇出海一天，训练24名操纵手，费用相当昂贵，但每个操纵手使用仪器的时间还不到一小时。遇到天气不好时，整个班在海上训练的时间还要大大减少。

　　由于受训军官和士兵得不到足够的海上体验，英国于1936年至1937年间研制了一种岸上模拟装置，装在专门改建的大楼里，称作"攻击教学舰"。虽然在"幕后"操纵机器的人员比学员还要

英国海军一艘驱逐舰正搜索潜艇

英国用于反潜训练的"L-27"号潜艇

多，花费也比较昂贵，但它的实际效果还不错。

"攻击教学舰"成为全体反潜人员进行海上训练的廉价代用品，它把新服役舰艇上的各个小组结合在一起起到了重要作用。但早期的模型还不能真实地模拟出水下声音，因而不能锻炼分辨潜艇回波。除了波特兰反潜学校外，舰队各基地以及整个英联邦都设置了"攻击教学舰"。

1941 年夏，一套"攻击教学舰"装置被送往美国。第二套"攻击教学舰"被送到加拿大阿根夏。1942 年 6 月，美国海军开始大量生产自己型号的"攻击教学舰"。

考虑到在沿海一带可能要设立小型护卫舰基地，他们把几套"攻击教学舰"装在双层汽车上，称作流动的反潜训练设施。同盟国在世界各地的小型基地都分到了这种设施。有些设施还在英国各地流动，到护航舰艇执行完护航任务返回的基地去进行教学活动。

1940年6月法国陷落后，英国接着遭到了空袭。加之要采取反入侵措施，波特兰附近的演习区再不能使用了。由于越来越需要大量受过训练的反潜军官和操纵员，反潜科研机构被迁到英格兰以北。到1941年1月，反潜学校已变成一种综合性机构，分设在克莱德河上的城市——德嫩、坎贝尔敦和塔伯特湖，试验机构则迁到费尔利。

战争爆发时，加拿大海军在新斯科舍省哈利法克斯设立了反潜学校，1940年3月，第一班潜艇探测员通过了考试，当年年底有了一套模拟装置"攻击教学舰"和若干辆汽车。加拿大海军在两年内完成了一个完整的反潜训练计划，到1942年底已能训练出自己全部的反潜业务军官。

一艘新服役的军舰，只有当舰员学会与舰上全体人员和谐得像一个整体一样工作和战斗之后，才能算形成了战斗力。在和平时期，由舰长负责这种"适应"或"习惯"的工作，小型舰则由纵队的参谋人员进行。在战争时期，由于缺少反潜舰艇，许多纵队都拆散了。小护卫舰和拖网渔船配备的是预备役舰长，士兵主要是战时

反潜深水炸弹装填

参加的志愿兵，没有参谋军官进行帮助。为了解决这些困难，英国在托伯莫里为小型舰艇建立了"适应"战时工作的基地。斯蒂芬森担任指挥官，他和他的参谋人员注意发挥舰艇设备的作用，并保养这些设备，还向舰长示范怎样训练他的舰员。

不分白天黑夜，也不管是在港内，还是在海上，斯蒂芬森经常不预先通知，就让全体舰员处理各种日常的和紧急的情况——这些情况都是护卫舰在战时可能遇到的，如拖带一艘受伤的舰船，在一艘被弃商船上灭火，或者在一半设备和舰员失去战斗力的情况下操纵自己的舰艇等。

　　尽管英军在护航军舰和反潜飞机上装备了新型 ASV 雷达，但要发现并精确定位夜间水面状态的潜艇，还是很困难的，因为 ASV 雷达有个严重的缺陷——雷达在距离目标 1.2 千米时会自动关机。ASV 雷达在近距离根本无法使用，当然也就无法确定潜艇的准确位置。为了解决这一问题，英国人汉弗莱·利研制成功了在反潜飞机上安装的利式探照灯，并首先将这种探照灯安装在"惠灵顿"式轰炸机上。

"惠灵顿"式轰炸机

1941 年 5 月，汉弗莱·利亲自操纵探照灯，与机载雷达配合进行搜索潜艇实验，取得了巨大成功。接着，汉弗莱·利又进行了改进，以蓄电池取代了笨重的发电机，使整个系统重量减少到 300 公斤，完全可以在实战中灵活使用。

1942 年 5 月，英国空军第 172 中队在首批 5 架飞机上装备利式探照灯。飞行员也随之开始进行雷达与探照灯配合使用的训练。6 月 4 日凌晨，装备利式探照灯的英军飞机在比斯开湾西南海域发现了意大利海军的"卢吉托拉利"号潜艇。意大利潜艇根本没有想到英军飞机会装备探照灯，还以为是德军飞机，竟然发射识别照明弹表示身份。英军飞机确定了潜艇位置，立即用深水炸弹和机关炮进行攻击，将其击成重伤。

7 月 4 日，在美国沿海取得辉煌战绩的德军"U-502"号潜艇返航途中，成为第一艘被利式探照灯发现并被击沉的德国潜艇。7 月 12 日，德军"U-159"号潜艇被利式探照灯发现，遭到重创。

除此之外，被利式探照灯和雷达发现并遭到攻击的还有"U-165"号潜艇、"U-578"号潜艇、"U-705"和"U-751"号潜艇。

1942 年 6 月和 7 月，装备利式探照灯的英军反潜飞机在比斯开湾共发现德国潜艇 11 次，攻击 6 次，击沉 1 艘潜艇。这给德国潜艇部队以巨大的心理打击，以往德国潜艇在夜间以水面状态自由通过比斯开湾的美好时光一去不复返。德国潜艇部队的官兵满怀恐惧地将利式探照灯称为"地狱之光"。

★德国海军潜艇部队的招募与训练

通常人们会认为，德国海军的兵源多半来自德国北部沿海城市或大型海港城市，如汉堡和基尔。但实际上多半新兵来自德国中部，如萨克森。一个典型的新兵来自工人阶级，接受过基本教育。很多潜艇部队官兵甚至出身于中产阶级家庭，少数来自军人家庭。被征召进海军服役者，得到的最高军阶是高级军士长，为此必须签订最少12年的服役合同，这比较适合那些志愿长期效力德国海军并希望有所作为的新兵们。随着战斗经历的不断增长，军阶可能得以不断提高，这也取决于士兵们在服役期间的表现和能力。

那些希望晋升军官的人必须面临更严格的训练，服役合同将长达25年，所需具备的身体素质、智力和心理素质也是要求最严格的。基本军事训练结束后，候补军官们将陆续接受3个半月的初级航海训练、14个月的巡洋舰航海训练、1年的海军学院学习、6个月的专业技能训练以及最后1年的艇上实战训练以获取必要的作战经验和能力。未来的艇长要学习鱼雷射击课程，而对技术军官则按照对潜艇机电长的要求进行全面系统的培训。在军官训练结束后，已服役的那些潜艇还得进行一次彻底的试验性训练。在实际训练中，都是以"狼群"战术打击假设的尽可能近似真实的有强大兵力护航的敌运输队，作为训练的高潮而结束的。军官训练相当艰苦，

一架美国反潜巡逻机飞过盟国护航运输船编队

尤其是大量的体能训练。这也使得德国海军潜艇部队军官的年龄结构呈现出年轻化的特点。在大战爆发初期，德国海军潜艇军官的平均年龄是 27 岁，并随着战争进程的推进不断降低，到了大战后半段，其平均年龄降到了 24 岁。

战前，德国海军每年征召 13000 人入伍，其中只有 33% 的人能够通过潜艇部队的资格审查，这其中又只有 60% 的人最终被潜艇部队接收。到了 1942 年，海军每年征召 42000 人，大量的人员用来弥补东线战场的损失，邓尼茨的人员空缺却一直得不到真正补充，所以到了战争中期，真正的潜艇义务兵越来越少了。不过，尽管盟军反潜能力得到逐步提高，潜艇作战损失巨大，部队减员严重，但潜艇部队官兵的素质却并没有因此下降。1944 年年底，潜艇部队对新兵的审核通过率仍只有 37%，证明潜艇部队一直坚持人员素质要求的高标准。

3. U 艇雄风

邓尼茨认为，夜间装备探照灯和雷达的飞机对潜艇威胁已经大于白天的危险，因此下令潜艇必须在白天上浮充电。这样一来，利式探照灯终于结束了英军在黑暗中的苦斗，迫使德国潜艇在白天上浮，为反潜飞机创造了战机。

1942 年 8 月，英军发现德国潜艇 34 次，9 月发现 37 次，共击沉 3 艘潜艇。而在 8 月以前，一次都没有发现。

雷达装备在飞机上后很长一段时间里，都没能给潜艇造成严重威胁，直至利式探照灯研制成功，并与雷达协同使用后，才给德国潜艇造成了极大的威胁。

鉴于英军雷达的巨大威胁，邓尼茨召集了很多科学家研制了雷达接收装置，即被称为"ECM"的反探测装置。"ECM"能够接收到英军机载雷达在 48 千米之外发射的雷达波，比雷达发现潜艇的有效距离远两倍。由于德国军事工业已经处于高饱和状态，实在无力承担此项装置的生产，该装置便由法国的梅托克斯公司和格朗丹公司生产，又被称为梅托克斯装置。而潜艇部队官兵因为其接受天线是十字架形，便形象地将之叫作"比斯开湾十字架"。

部分德国潜艇从 8 月起装备了该装置后，就为没装该装置的潜

美军用作反潜的"卡塔林纳"式水上飞机

艇护航。直至 10 月，德国潜艇在比斯开湾航行时便再没损失 1 艘。因为德国潜艇一接收到英军飞机的雷达信号后，反探测装置就会发出嗡嗡的报警声，潜艇就立即下潜，在英军飞机到来前下潜到安全深度，躲避攻击。至年底，德军所有潜艇均装备了该装置。德国潜艇再次获得了夜间通过比斯开湾的自由。

随着战争的继续，双方不但在武器装备方面比拼，在战略战术上的比拼也日趋激烈。自 1942 年年初起，英国根据德国潜艇主攻方向转到美国沿海的变化，开始调整船队航线，沿北海峡到纽芬兰的大圆圈航线航行，因为大圆圈航线距离较短，可以节约航行时间，也就减少了遭遇潜艇攻击的危险。

德国潜水舰队司令部也及时调整了战略战术。当盟军集中护卫兵力之时，他们往往会停止攻击，一等盟军放松警惕，减少护卫兵力，他们又以迅雷不及掩耳的方式展开攻击。此种游击法使 U 艇在战斗中经常占上风。

1942 年后半年，轴心国潜水舰的船舶击沉数——绝大部分是 U 艇所击沉——非常可观，虽然如此，还没达到平均每月 70 万吨这个能使盟军屈服的数字。在这期间内，德国损失了 87 艘 U 艇。不过，这只是德国就役全部 U 艇的 18.01% 而已。除此之外，德国还有 393 艘 U 艇在就役之中，其中 212 艘处于随时可能作战状态。

7 月 19 日，邓尼茨见美国海岸逐渐建立起护航体系，再要以较小代价取得较大战果的目标难以实现，便果断改变战术，将潜艇作战的重点再次转移回北大西洋，并制订了大西洋作战计划。

大西洋作战计划主要内容如下：

首先，从德国和法国基地出发的潜艇，前往大西洋东部海域，在盟军驻爱尔兰和冰岛岸基反潜飞机作战半径以外海域，沿着护航运输船队可能的航线游弋，如果发现西行的船队，就一路跟踪追击直至百慕大东北海域，然后接受补给潜艇的补给，再在纽芬兰沿海形成新的巡逻线，截击东行的船队，当燃料和鱼雷消耗完以后，返回法国补充和休整。邓尼茨不同意德国海军总司令雷德尔的"只有

满载物资的东行船队才值得攻击"的观点，认为西行的空载船队也同样应予攻击。

其次，邓尼茨发现英国船队沿大圆圈航线航行后，就把开往美国和从挪威返回法国正好途经该海域的潜艇集中起来，沿大圆圈航线搜索同盟国船队，如果发现船队就予以攻击，如果没有发现就继续开往美国或返回法国。

7月上旬，邓尼茨前往东普鲁士洛明丁堡空军司令部，晋见空军总司令戈林时，得到了24架战斗机。7月27日，邓尼茨发表广播说尽管潜艇部队取得了辉煌战绩，但正面临着困难，应该把真相告诉人们。他预言随着同盟国技术装备的改进，潜艇将遭受严重损失。英国海军认为，这番讲话预示着邓尼茨将指挥潜艇重返大西洋。

整个7月，德国潜艇战绩是击沉96艘船舰，总计47.6万吨。8月开始，德军每月新建成服役的潜艇数量达30艘。这使邓尼茨能拥有足够的潜艇投入大西洋，而且还能派出数量可观的潜艇前往同盟国反潜力量比较薄弱的海域，如特里尼达以东的加勒比海、弗里敦海域、开普敦海域，甚至印度洋的东非海域。

8月5日，"U-593"号潜艇在北大西洋发现了从加拿大开往英国的SC-94护航船队。SC-94护航船队由36艘运输船组成，由加拿大海军的1艘驱逐舰和5艘护卫舰负责护航。根据"U-593"号潜艇的报告，德军先后调集了16艘潜艇实施围攻，盟军护航军舰

德国水兵在清洗潜艇甲板

拼死掩护。8月8日，又有英国和波兰各1艘驱逐舰赶来支援。8月9日护航船队还得到了从北爱尔兰起飞的B-24"解放者"式轰炸机在空中掩护。尽管盟军护航兵力多次将德国潜艇逐走，并击沉"U-210"号潜艇和"U-379"号潜艇两艘潜艇，击伤2艘潜艇。但SC-94护航船队仍有11艘运输船被德国潜艇击沉，共计4.9万吨。

8月13日，西大西洋上同盟国两支相向而行的船队WAT-13和TAW-12护航船队均遭到德国潜艇攻击，共被击沉5艘运输船，吨位共计2万吨。

8月14日，"U-653"号潜艇在中大西洋发现了从非洲塞拉里昂开往英国的SL-118护航运输船队，随即召唤其他6艘潜艇赶来，组织集群攻击。在英军岸基航空兵全力掩护下，德国潜艇多次遭到驱赶。但德国潜艇还是取得了击沉5艘运输船，共计2.6万吨的战果。

8月中旬，邓尼茨根据吨位战的作战原则，决定向同盟国护航力量薄弱的南非开普敦海域派出潜艇。他精心挑选了4名具有丰富经验艇长指挥潜艇，加上1艘补给潜艇，组成代号为"北极熊"的艇群，从法国洛里昂出发。为了使此次"破交"作战出其不意，邓尼茨特别指示在到达赤道以南300海里之前，不得攻击任何船只。

8月，德国潜艇主要在同盟国岸基航空兵作战半径之外的海域活动，创下了辉煌战绩，共击沉108艘运输船，计54.4万吨。

9月，德国潜艇数量继续增加，用于大西洋上的潜艇首次达到了创纪录的 100 艘。

9 月 12 日，"北极熊"艇群的"U–156"号潜艇在南大西洋阿森松岛东北海域发现了英国的"莱肯尼亚"号运输船。当时，"莱肯尼亚"号运输船除载有 900 多英国人和波兰人，还载有 1800 名意大利战俘。"U–156"号潜艇对"莱肯尼亚"号运输船实施了鱼雷攻击，将其击沉。

当"U–156"号潜艇救起第一批幸存者后得知船上载有意军战俘，立即向邓尼茨报告并请示行动。邓尼茨复电继续进行援救。"U–156"号潜艇一边进行救援，一边发出明码电文，注明了出事地

从英国护航船队拍摄到的德国 U 型潜艇

德国 U 潜型艇放出小舟实施救援

点的具体位置，以便附近船只救助。

德国政府获悉后，立即要求维希法国从临近的达喀尔派出救援船只。希特勒特别强调救援工作绝对不能影响"北极熊"艇群的既定使命。根据这一指示，邓尼茨命令除"U-156"号潜艇外，"北极熊"艇群其余潜艇按计划继续南下，而命令正在弗里敦以北海域活动的"U-506"号潜艇和"U-507"号潜艇及意大利"卡佩利亚"号潜艇前往救助。

同盟国方面，英国也火速从加纳塔科腊迪派出了辅助巡洋舰和运输船各 1 艘前去救援，驻扎在阿森松岛的美军第 1 混合航空中队奉命出动为英军救援船只提供空中掩护。但美军并不了解德军正在进行救援。

9 月 15 日，德军"U-506"号潜艇和"U-507"号潜艇陆续到达现场，从"U-156"号潜艇上接受了部分幸存者，然后向北航行。"U-156"号潜艇上还有 100 多幸存者，因而只好在艇后拖带满载幸存者的救生艇缓缓北行。

9 月 16 日，美军第 343 轰炸机中队的 1 架 B-24"解放者"式轰炸机发现了"U-156"号潜艇，随即向附近的第一混合航空中队通报。随后，第一混合中队出动 2 架 B-24"解放者"式轰炸机，对"U-156"号潜艇进行了攻击。尽管当时"U-156"号潜艇悬挂着明显的红十字标志，但它还是遭到了攻击，并被击伤。"U-156"号潜艇被击伤后，将艇上的幸存者全部转移到救生艇上，迅速返航。

9 月 17 日，邓尼茨得知"U-156"号潜艇的遭遇后，向所有德国潜艇下令：禁止救援被击沉船只的幸存者。这一命令导致了后来同盟国许多被击沉船只上的船员葬身大海。

9 月 17 日下午，法国"维希政府"派出的 1 艘巡洋舰、1 艘护卫舰和 1 艘扫雷舰到达预定会合海域，从"U-506"号潜艇和"U-507"号潜艇及救生艇上接受了 1041 名"莱肯尼亚"号运输船的幸存者。9 月 18 日，这些法舰又从意大利潜艇"卡佩利亚"号运输船上接受了 42 名幸存者。"莱肯尼亚"号运输船上共有 1083 人获救，

U型潜艇甲板上的船员

其中英国人和波兰人 800 余人，1800 名意大利战俘仅 200 余人获救。

9 月中旬起，德军每天同时在北大西洋上活动的潜艇达到了 20 艘以上，对多支护航船队进行了攻击。但由于大西洋上突发猛烈的风暴，双方的船只都全力与大自然搏击，甚至有时双方接近到彼此目视都可以发现的距离内，都只顾与风浪搏斗，无暇他顾，根本无法进行战斗。恶劣的天气对于护航船队而言，比起潜艇的威胁自然是两害相比取其轻。

尽管有天公相助，同盟国在 1942 年 9 月的船只损失还是达到了 98 艘，总计 48.5 万吨。

★邓尼茨答记者问①

问：您对新潜艇部队建设这一任务在战略、战术和训练方面有什么见解？

答：在 19 世纪 30 年代，人们普遍认为，曾经在第一次世界大战中当作十分有效的海战武器的潜艇已经过时了。

在许多国家海军中产生这种看法的主要原因是：英国人发明了一种超声波的测位器，即所谓潜艇探索器。据他们说，用这种装置可以确定距离几千米远的水下潜艇的位置。英国海军部在 1937 年给英国护航委员会的报告中提到这一点，说："潜艇再也不会像 1917 年那样给我们造成困难了。"这就是说，英国海军部不再把潜艇看成是危险的敌人了。对此，英国的海军历史学家罗斯基尔在他

的《第二次世界大战史》一书中也说得很清楚。

当然，英国人已公布了这种潜艇探索器的发明以及它的预期作用。

英国对潜艇价值的这种看法在德国海军中也颇有影响。尽管当时海军作战部的伯姆并不同意这种流行的消极观点，可是在1934——

训练中的U型潜艇士兵

1935 年的潜艇学校里，那些参加第一次世界大战的指挥官、老潜艇驾驶员仍对德国新潜艇人员训诫说："在水下进攻时，至少要与敌舰保持 3000 米的距离，否则你们就会被探测出来，接着就会受到敌驱逐舰的深水炸弹的攻击。"显而易见，打这么远距离的目标，命中率是很低的，因为在这种情况下只要对敌舰的航速或航向的估计有一点点误差也会严重地影响效果。

鉴于此，我在 1935 年 10 月 1 日就任"韦迪根"潜艇小舰队司令的新职后，我就命令：要加紧练习 600 米近距离射击。在这个近距离内，命中率是很高的。我认为，声呐测位器用于对付水下进攻不可能是绝对可靠的。海水的波动、水的不同密度、舰只自身发出的噪音都无疑地会给潜艇探索器造成困难。只要我们还没有进一步获得有关英国的这种反水下潜艇装置的情报，我就仍然认为上面所说的潜艇近距离进攻是切实可行的，也是正确的。德国的新潜艇部队应该进行相应的训练——这就是我在 1935 年 10 月 1 日拟订的计划中有关水下进攻的第一要点。

现在来谈第二点：鱼雷的发明导致人们创造一种能把鱼雷这种新式武器射向敌人的运载工具。这样，在各国的海军中就出现了鱼雷艇。这种鱼雷艇起初是一种很小的运载工具，船身浅，也就是说，甲板上没有高的上层结构，夜间很难发现它，是一种很出色的鱼雷运载工具。它由于夜间不易被察觉而可以驶近敌人，在短距离内十分有把握地发射鱼雷。

近几十年来，各国海军为了胜过敌方鱼雷艇的防御炮火，或是为了使自己的鱼雷艇具有更高的速度、更大的活动半径和更好的适航性能，就把这种原先很小的鱼雷艇的体积加大了。

这些新的特性是十分有价值的，但同时也出现这样的情况，即这些鱼雷艇由于体积的加大而扩大了侧面影像，在夜间较易被发现，因而它们就不能像以前那样适合于夜袭了。人们还试图用多艘鱼雷艇的扇形射击来弥补只能在远距离射击上的缺陷。然而，尽管这样，现代鱼雷艇从根本上来说已不再是夜袭中理想的鱼雷运载工具。

在这里，我就来谈谈1935年秋天开始的对德国新潜艇部队进行训练的第三点。新式的潜艇由于具有足够的水面速度而非常灵活，它是用于水面夜袭的一种出色的鱼雷运载工具；因为这种潜艇在浮起时船身也几乎完全没在水中，只有它的狭长的瞭望塔高出在

第二次世界大战时期德国海军鱼雷艇

水面，因此它在夜间很难被发现。所以，在对德国新潜艇部队的训练中，潜艇的水面夜袭就成为一个重点。这里我还想简略地提一下，上述声呐测位器对于正在进行水面袭击的潜艇来说是完全无效的。

4. 新式鱼雷

为了增强防御能力，每逢返回基地时，U 艇便装上 4 挺 7.9 毫米机关枪，同时还得到指令：除了充二次电池以外，不管昼夜都必须潜航。

不仅如此，德国潜艇攻击武器方面也有了改善。1942 年年末，德国生产出两种新鱼雷。这两种鱼雷极大地提高了德国潜艇的战斗力——只要能发现盟军的船队，U 艇就能够发挥极大威力，将其击沉或者击伤。

这两种新鱼雷分别是：目标追击鱼雷，称为 FAT；同一海面反复旋回鱼雷，即 LUT。这两种鱼雷可以远距离发射，能在船队航列之内跟着游动。因而在鱼雷的动力耗尽之前，能够提高命中率。

邓尼茨知道，U 艇在将来是否能够继续攻击盟军船艇，光靠临时性对策是不行的，还必须研究对付根本的问题。如果英国真的在开发远距离发现 U 艇的雷达的话，那么在飞机续航距离内的海面上，U 艇势必将无法活动。飞机所展开的攻击，显然能给 U 艇造成很大损失。因此英国飞机刚一出现，德国艇就必须迅速潜航，以避免被英军投掷的深水炸弹威胁。这样，当 U 艇再度浮上来时，目标船队早已远去。

1942 年 6 月 24 日，邓尼茨向德国海军总司令递交了一份呈文，请求重新检讨潜水艇在这场战争中的任务。

其内容大致如下：

"作为进行战争的兵器，U 艇所具有的能力，能够被我们全心地期待吗？如今敌方的防卫手段不是大大地减弱了 U 艇的攻击威力吗？对于敌方的攻击能力，我们也大有研究的必要。以上的三点实有检讨的必要，我们的 U 艇面对着护卫能力非常强大的敌方，有了新的潜水艇就不必航行到能发现船队视界之外，再在那儿浮上来，不必耗费好久一段时间，以便寻找袭击船队的好位置。艇长可以任意地潜航；可以直接地确定攻击位置。这种高速潜艇能够离开同行的 U 艇；把驱逐舰诱出船队，或者与护卫舰一争高低，然后再朝目标折回，有如猫玩老鼠一般，玩腻之后即可把它吃掉。同时一旦要潜航，即没有害怕机载雷达的必要。所谓雷达，乃是 U 艇展开行动的最大威胁。"

6 月 24 日，邓尼茨在写给总司令部的书信里对瓦尔达潜艇表示极大的信赖，他在结尾时说："加速建造瓦尔达 U 艇，乃是一项重要措施，也是决定战争胜败的一大要素。"

1942 年下半年，同盟国将大西洋上的航线分为四段：西段即纽约至西经 49°；中段即西经 49° 至西经 22°；冰岛段即冰岛附近海域；东段即西经 22° 至北海峡。

由于缺乏能为护航军舰提供海上加油的油船，在横渡大西洋过

在水面航行的 U 型潜艇

程中，护航军舰要替换两到三次，以每月 4 支快速护航船队和 2 支慢速护航船队计算，共需要 26 个护航军舰大队，以每个大队 3 艘驱逐舰和 6 艘驱潜快艇计算，总共需要 78 艘驱逐舰和 156 艘驱潜快艇。而同盟国造船工业竭尽全力也无法满足这一需求，加上此时前往苏联的北极航线和于 11 月发起的代号"火炬"的北非登陆战役都需要大量的护航军舰。这样，在大西洋上，护航船队往往因护航军舰数量不足而缺乏必要保护。

而同一时刻，德国潜艇的数量继续增加，特别是德国海军整体综合实力远远落后于英国海军，当发现潜艇这一舰种能够非常有效打击对英国至关重要的海上运输后，德国更将潜艇的发展列为军事工业的重中之重。虽然这样可以在最短时间里取得最大战果，但这种短视行为更加剧了德国海军的畸形发展，其水面舰艇部队更加遭到轻视，从而与英国海军的整体差距也越来越大。

1942 年 10 月中旬，德军每天能够同时在大西洋作战海域展开的潜艇数量达到 40 艘。这样，邓尼茨就可以在盟军岸基航空兵作战半径以外的海域，即所谓的"黑窟"海域东西两侧同时建立起一至两道潜艇巡逻线，如果在两道巡逻线中间发现护航船队的话，就可以同时投入两个潜艇艇群，一次集中起 15 甚至 20 艘潜艇实施集群攻击。这给同盟国的海上运输船只造成了极大威胁。

几乎在 SC-104 船队遭到德国潜艇攻击的同时，ONS-136 船队也遭到了攻击，由于船队遭遇了大风，德国潜艇难以接近船队，只

盟国护航船队

攻击了一些掉队的船只，英军第 120 中队的"解放者"式反潜机于 12 日击沉了"U-597"号潜艇。这是英军自 1941 年下半年装备"解放者"式飞机执行反潜任务以来取得的首次战绩。这架飞机的机长就是英国岸基航空兵部队中的传奇式人物布洛克。

布洛克是一位杰出的飞行员，在驾驶"解放者"式飞机之前，曾在"桑德兰"式飞机上执行过 2300 小时的反潜任务，经验丰富。1941 年 10 月至 1942 年 8 月，他的机组在反潜巡逻中多次发现德国潜艇，并实施攻击。10 月 12 日，他驾机发现 1 艘德国潜艇，便沿艇尾到艇首方向一口气投下 6 颗深水炸弹，且全部命中。潜艇的耐压艇壳被炸开数个破口，当即沉没。他在 1941 年 7 月至 1942 年 12 月的一年半间，总共发现德国潜艇 23 次，攻击 16 次，击沉 2 艘，击伤多艘。这一辉煌战绩使他成为当时英国航空兵反潜的超级王牌。

11 月，同盟国发起了北非登陆战役。为了保护登陆编队，盟军从大西洋护航船队中抽调了大批护航军舰，直接导致了船队护航力量的削弱。邓尼茨接到盟军在北非登陆的消息后，迅速命令大西洋上所有燃料充足的潜艇都全速前往摩洛哥海域，先后有 9 艘潜艇奉

美国 B-24 "解放者" 式重型轰炸机

命赶到，还有 16 艘潜艇集结在直布罗陀海峡附近海域。但此时为时已晚，盟军登陆已经基本成功。这些潜艇只能执行破坏盟军运送后续部队和物资舰船的任务。总共击沉了包括 1 艘护航航空母舰在内的 11 艘舰船，击伤 5 艘。德军有 1 艘潜艇被击沉，7 艘被击伤。

尽管 11 月大西洋上盟军护航力量和德国潜艇力量都被北非战局所分散，但 11 月德国潜艇仍击沉了盟军 119 艘运输船，吨位总计 72.9 万吨。

11 月，英国研制成功了机载反潜火箭。这种火箭弹重 30 公斤，采用半穿甲弹头，攻击时入水角度为 13°，能将潜艇水线下方的艇体炸开一个致命缺口，给潜艇造成巨大创伤。于 1943 年春起，这种火箭弹陆续装备部队，成为德国潜艇官兵谈虎色变的武器。

12 月，同盟国鉴于 11 月蒙受的巨大损失，加之北非战局也基本结束，从而能腾出力量来加强大西洋的护航。而德军也从德国和法国派出了由结束休整的潜艇所组成的新艇群。

12 月起，同盟国开始使用 X 型深水炸弹。这种深水炸弹专门对付深潜的潜艇，重约一吨，弹头装有 900 公斤炸药，从鱼雷发射管中发射，具有惊人的杀伤力。

12 月 26 日，从英国开往美国的 ONS-154 护航运输船队被德军"U-664"号潜艇发现。ONS-154 护航运输船队编有 45 艘运输船，由 1 艘驱逐舰、5 艘护卫舰和 1 艘装备高频测向仪的救生船担任护航。"U-664"号潜艇所在的艇群共有 10 艘潜艇。接到发现 ONS-154 护航运输的报告后，它们立即赶来，而西面另一艇群 9 艘潜艇也全速赶来。

从 26 日晚起，激烈的护航战就爆发了！德军以损失 1 艘潜艇的代价击沉了盟军 4 艘运输船。但在 27 日夜间，"U-225"号潜艇攻击船队后，德国潜艇与 ONS-154 护航运输船队失去了接触。直到 28 日上午，"U-260"号潜艇才再次发现船队，迅速引导 12 艘潜艇赶去攻击。

28 日晚，德国潜艇蜂拥而至，实施了连续攻击，接连击沉了 8 艘运输船。29 日，2 艘英军驱逐舰赶来增援，有效驱赶了德国潜艇。只有"U-435"号潜艇实施了水下鱼雷攻击，击沉了 1 艘运输船。

30 日，"U-435"号潜艇又击沉了 1 艘运输船后，德国潜艇群才停止了对 ONS-154 船队的攻击。一些耗尽了鱼雷和燃料的潜艇与"U-117"号潜艇补给潜艇会合，接受海上补给。

在 ONS-154 船队护航战中，盟军共有 14 艘船只被击沉，损失吨位 7.5 万吨。12 月，盟军在海上运输中损失 60 艘运输船，计 33 万吨。

整个 1942 年，德国潜艇共击沉同盟国 1160 艘运输船，总计 626.6 万吨。1160 艘运输船占当年德国潜艇、飞机和水面舰艇击沉运输船总数 1664 艘的

英国研制的深水炸弹发射器

69.7%，626.6 万吨占击沉吨位总数 779 万吨的 80.4%。而同盟国全年新建船只总共不过 700 万吨，相当于损失总吨位的 89.8%。由于运输船严重损失，英国全年物资进口量下降到 3400 万吨，比 1939 年的进口量下降了几乎三分之一。英国供运输船使用的燃料储备极其匮乏，全国库存仅 30 万吨，还不够 3 个月的正常消耗。

德国潜艇全年损失 87 艘，但凭借大量新服役潜艇，潜艇总数不仅没有减少，反而增加到 393 艘，其中 212 艘完成了战斗训练，能够随时出海作战。1942 年的大西洋之战，德国毫无疑问是胜利者。

★邓尼茨答记者问②

问：您对新潜艇部队建设这一任务在战略、战术和训练方面有什么见解？（续）

答：现在我来谈谈我训练德国潜艇部队的第四点，也是最主要的一点，即"结群战术"。不言而喻，在战争中，人们都想在战场上尽可能地增强自己的力量。自从人类社会产生争斗以来，这种想法就存在了。所以，早在原始时期，人们就为了进行战斗而群集在一起。这一基本原则，几千年以来，被用之于历次战争的陆战和海战之中的各种形式。只有潜艇——它在第一次世界大战中才被初次用作为战斗武器——直到如今还是基本上单独作战，原因是对潜艇不可能统一指挥。这种统一指挥，即指挥多艘潜艇同时投入战斗，正是我自 1935 年秋天起所希望达到的主要目的。在无数次演习中，

航行中的 U 型潜艇

我试图通过潜艇的相应的战术布阵来搜索敌舰，然后根据侦察到的敌舰位置发动多艘潜艇一起进攻敌舰。很清楚，这里必须解决一系列问题：例如，在多大的范围和多远的距离内可以进行指挥？是否只能在搜索敌舰、报告敌舰位置、导引其他潜艇这几方面实行潜艇的战术合作呢？是否也可以指挥多艘潜艇联合进攻呢？可是，该由谁来指挥呢？由于敌人的反潜艇措施，潜艇被迫潜入水中，成了瞎子，这就毫无疑问地不能再有所作为了，那么，一艘处于敌人海域内的潜艇究竟能不能指挥呢？是否必须让一位陆上的指挥官来指挥呢？可是这个指挥官由于在遥远的陆地上，他是否充分了解海上作战区域内敌人的全部情况和瞬息万变的天气情况呢？由于这些原因，陆上的指挥官是否有能力进行指挥呢？在这些问题中还涉及一系列通讯联络的技术性问题，例如，一艘潜艇潜水到多少深度还能与之保持联系。

在1935—1939年里，我试图解决这些问题，在许多方面都获得了成功。在无数次演习中，我们逐渐为结群战术打下了牢固的基础，这一战术在舰队的每次联合演习中充分有效地向任何一个敌人表明，必须估计到在夜间会发生多艘潜艇同时出动的夜袭。

所以，年轻的德国潜艇部队开头几年的训练，对于潜艇人员和我来说，是一个幸福的时期。认为潜艇武器已经过时的混杂思想从潜艇人员的头脑里清除掉了。相反，他们看到了自己，特别在夜袭中以及在我所创立的结群战术中能取得何等的成绩。这样，在1935—1939年里，在年轻的潜艇部队中就形成了一种军人集体的特殊精神，这种精神此后一直到第二次世界大战结束前经受了考验。

1938年秋，冯·弗雷德堡被派到潜艇部队来。按照海军总司令部和平时期的计划，他在经过一段时期的训练和熟悉之后，将接替我担任潜艇部队的领导人。

经过相应的基本训练后，我派冯·弗雷德堡担任一艘潜艇的指挥官，接着他进了我的司令部。他将在1940年春接替我的职务。海军总司令决定，届时我将单独进行一次世界旅行，以便为一次出

冯·弗雷德堡

国环球航行做准备。我将担任拥有我们 4 艘最现代化巡洋舰的一支
分舰队司令。该舰队将于 1940 年 10 月 1 日开始这次世界旅行。

原先就是这样打算的。但在 1939 年秋战争开始了，一切都变
了。我当然必须用我所训练的潜艇部队进行战争。优秀的、忠实
的冯·弗雷德堡担负了在我国沿波罗的海潜艇防区内为即将服役
的新潜艇培训人员的领导工作，这些人员后来在战争中被我派到前
线去了。

5. 全力反潜

1943 年 1 月 14 日，美国总统罗斯福与英国首相丘吉尔在北非卡萨布兰卡举行首脑会议。他们一致认为，由于同盟国运输船在 1942 年中的惨重损失，预示着护航战的胜负将直接影响到整个战争的结局，因此将消除潜艇威胁列为压倒一切的最重要战略任务，并采取了一系列措施。

在组织体制上，英国成立了由丘吉尔亲自兼任主席的"反潜战部际委员会"，作为反潜战的最高决策机关。同盟国还成立了美国、英国、加拿大海空军特别联合指挥部，专门指挥反潜海空作战。

在军事工业上，盟国将全力增加远程岸基飞机和舰载反潜飞机的生产，将航空兵视为反潜的战略力量来发展。

具体战术上，他们决定三管齐下：

1. 对德国潜艇基地和生产工厂组织大规模轰炸；

2. 对德国潜艇进出大西洋的必经海域——比斯开湾实施空中封锁；

3. 提高护航舰艇和油船的生产数量，以加强对运输船队的护航力量。

其中，第一条收效甚微，这是因为德军的潜艇基地建设非常注重抗空袭，所有潜艇维修都在专门的洞库中进行，每个洞库顶部都是厚达六七米异常坚固的钢筋混凝土，建造一个洞库消耗 6000 吨钢材。一般炸弹即使命中洞库也很难将其摧毁，再加上德军在基地附近还部署有大量防空部队，更加大了盟军轰炸的难度，使盟军投入兵力巨大，付出不小的损失却没起到什么作用。

1943 年 1 月，德国潜艇共击沉了同盟国 39 艘运输船，总吨位计 23.3 万吨。而在 1 月 30 日，德国海军上层发生了重大的人事变动。

由于 1941 年 12 月 31 日，德国海军在攻击英国开往苏联的 JW-51B 船队时，"吕佐夫"号袖珍战列舰和"希佩尔海军上将"号

"希佩尔海军上将"号重巡洋舰

重巡洋舰都遭到重创，德国海军总司令雷德尔受到希特勒严厉训斥，于1月30日提出了辞呈。希特勒批准并解除了他海军总司令之职，立即另选。邓尼茨由于在指挥潜艇部队破坏同盟国海上运输中的杰出表现，为希特勒所器重，提升为海军总司令兼潜艇部队司令，军衔也随之晋升为海军元帅。

邓尼茨就任海军总司令后，更将潜艇部队作为海军发展的重点。他将海军司令部的日常行政事务交给参谋长格特处理，自己集中精力指挥潜艇对同盟国海上运输的打击。

随着邓尼茨在海军中地位的上升，德国潜艇部队也就成为德国海军的"军中骄子"，得到了更多关注，而水面舰队的发展则更加停滞不前。

被形象称为"狼群"作战的潜艇破交战，在德国海军乃至德军统帅部被置于绝对优先地位。随之而来的则是大西洋上更加疯狂地争夺。由20艘潜艇组成的"雇佣兵"艇群解散后，部分给养消耗殆尽的潜艇开始返回基地补充休整，还有给养的部分潜艇则编入其他艇群。

1943年2月1日，"U-465"号潜艇正在前往新艇群途中，发现了从加拿大开往英国的HX-224护航船队。

尽管当时海上风急浪高，但"U-465"号潜艇仍连续三天保持着与船队接触，并伺机发动攻击，先后击沉2艘运输船。而闻讯赶来的4艘潜艇中，只有"U-632"号潜艇击沉了1艘掉队的油船，

被德国潜艇击中的油船冒起浓烟

其他潜艇均因风浪太大而无法取得战绩。

"U-632"号潜艇救起了一名被击沉油船上的海军军官,从他的口供中得知,不久就有一支大型船队将沿同一航线驶来,同时空中侦察也证实了这一情报。

邓尼茨根据这一情况,立即调兵遣将,组织一场大规模的围歼战,先后调集了"箭"艇群的13艘潜艇和"双刃剑"艇群的7艘潜艇。德国潜艇张网以待的正是从加拿大开往英国的SC-118护航船队,共有63艘运输船,护航兵力为3艘驱逐舰、4艘护卫舰和1艘驱潜快艇。

大西洋上双方军舰斗智斗勇,陆地上双方密码破译机关也在斗法。德国潜艇所取得的很多战果都归功于德国海军代号为B机关的密码破译机构杰出的工作——很多护航船队的行踪都是根据B机关密码破译的情报被发现的。

英国海军也投入大量人力、物力从事同样的工作。其中,英国设在布莱奇利庄园的"超级情报"机构,先后动用了两万多人,破译德国潜艇司令部与大西洋上潜艇之间的无线电通讯。特别是1941年5月,英军从俘获的德军"U-110"号潜艇上所缴获的密码机和密码本,为此项工作提供了极大便利。一旦掌握德国潜艇的位置后,该情报机构立即通知附近船队改变航向以规避潜艇攻击。

德国海军和英国海军这种较量很大程度上影响着大西洋上的战斗。如1943年3月初的HX-228护航船队之战,德军B机关

盟国护航舰只上拍摄到的运输船

破译了有关 HX-228 护航船队航线的密码。德军随即调集潜艇前往截击，英军察觉到了德军的调动，便改变了航线。德军及时发现了，又进行了相应部署调整，不料英军通过无线电侦听和破译，也及时掌握了德军的动态，将计就计恢复了船队原航线，结果规避了潜艇的预设截击，最后因为德军侦察机发现了船队，才引导部分潜艇前来攻击。

★邓尼茨答记者问③

问：到 1943 年春季为止，潜艇战获得了哪些成绩？

答：我现在得回答这一问题：到 1943 年春季为止，德国潜艇在对盟国商船进行吨位战中，取得了哪些战果。我想就这方面扼要地归纳一下，同时只想列举英国海军历史学家罗斯基尔 1956 年在他的英文历史著作《1939—1945 年海战》中当时的一些统计数字。在罗斯基尔的统计数字中，还包括由于所谓"原因不详"的其他船只损失数字在内，这也可能是为潜艇所击沉的。

根据 1956 年的统计，被潜艇击沉的计有：

1939 年：114 艘，总吨位为 421156 吨。

1940 年：471 艘，总吨位为 2186158 吨。

邓尼茨视察潜艇部队

1941 年：432 艘，总吨位为 2171540 吨。

1942 年：1160 艘，总吨位为 6266215 吨。

1943 年（截至 5 月止）：314 艘，总吨位为 1782628 吨。

因此，从 1939 年 9 月战争开始起至 1943 年 5 月止，被潜艇击沉的船只总数为 2491 艘，总吨位为 12727911 吨。

英国人和美国人在这一时期损失的商船共为 4609 艘，总吨位为 18868206 吨。

因此，在 1816 万吨位中，有 1280 万吨是被潜艇击沉的。这个比例数字已经说明，潜艇对海战的命运有多么重大的影响。战舰、袭击商船的辅助舰、轰炸敌舰和港口的飞机以及封锁船只航行的水雷，所有这些战斗措施取得的战果，都远远比不上轴心国用以对付敌船航行的、数量有限的潜艇所取得的战果。

第五章

U 艇末路

★这些措施逐渐发挥作用之后，1943 年 3 月德国潜艇的辉煌胜利如同昙花一现，又如垂死之人的回光返照。同盟国 3 月间所经历的惨重损失，就像是黎明前最黑暗的时刻，在这之后就是光明！因此 1943 年 3 月也就以大西洋反潜战的转折点而彪炳史册！

★基于同样理由，同盟国竭力试图封锁比斯开湾，以"釜底抽薪"之法来减少护航船队在大西洋上的压力。由于比斯开湾海水较深，单单布设水雷难以形成有效的封锁，同盟国投入了航空兵、水面舰艇和潜艇实施空中、海面和水下全方位立体封锁。

★要是无法保障横渡大西洋的运输船队航行安全，诺曼底战役的准备就无法及时完成，而诺曼底战役如果推迟发动，德国就会利用这一喘息之机，加强防御准备，那时，这一决定战争命运的登陆战役的胜负就难以预料。可以说，大西洋航线护航战的胜负，对于战争的胜负是具有决定意义的。

1. 恐中生智

1943 年 3 月，德军共击沉 108 艘运输船，共计 62.7 万吨，几乎已经彻底切断了英国与美洲的海上联系。

如此发展下去，英国军事工业生产所需的原料、燃料和粮食等战略物资的供应将会断绝。德国将会依靠潜艇取得战争最终的胜利，尤其是 3 月 1 日至 20 日这 20 天中，同盟国每天损失的运输船吨位在 2.5 万吨。英国海军参谋部反潜处里恐慌和绝望的气氛四处蔓延，很多人认为德国潜艇不可战胜了。

就在同盟国开始感到绝望时，转机也同时降临了！由于 1943 年 1 月卡萨布兰卡首脑会议的各项措施逐渐得到落实并发挥作用，同时 1943 年 3 月大西洋护航会议在华盛顿召开，同盟国决定集中统一使用反潜兵力，其中，英国和加拿大负责北大西洋护航，美国负责中大西洋和美洲海岸护航。

英国研制出了新型的厘米波 ASV-III 雷达。这种雷达保密代号为"硫化氢"。"硫化氢"的性能在当时首屈一指，能够发现海面上的一个罐头。更厉害的是，"硫化氢"所发出的雷达波束，德军梅托克斯雷达接收装置无法接受。这样，德国潜艇就无法及时接收到英军飞机发出的雷达波束，也就无法及时下潜躲避打击。

　　不仅如此，同盟国还采取了其他几项措施对付德国潜艇，即改进舰载声呐和高频测向仪，以便准确测定潜艇的位置；加紧生产对潜艇威胁极大的反潜"刺猬弹"、机载航空火箭弹、反潜音响自导鱼雷等新型武器；战略空军加强对德国潜艇基地、修理船坞和生产厂家轰炸，为炸毁坚固的潜艇洞库，还特别研制了重达5吨的超级炸弹；加大密码破译投入，以掌握德国潜艇的动向；合理组织岸基远程反潜飞机和舰载反潜飞机，扩大航空反潜力量，消除大西洋上

幸运地从"狼群"攻击下逃生的英国海军士兵

的"黑窟";改进护航船队的兵力配置,优化运输船队的运量调配,以节约兵力增加运量;在对德广播中,实施心理战,打击德国潜艇部队官兵的士气等等。

除此之外,盟国还采取了最重要的一项措施,那就是专门针对德国潜艇建立了反潜战斗群,又称反潜支援大队或反潜特混舰队。反潜舰队总司令是英国海军上将马克思·霍顿。马克思·霍顿足智

马克斯·霍顿(左)

多谋，坚毅果敢，是与邓尼茨同样出色的潜艇战专家。反潜战斗群由护航航空母舰、驱逐舰、护卫舰等军舰组成。这些军舰上均配备最先进的探测设备和威力最强劲的武器装备，武器、雷达、声呐等部门的骨干，均是一些经验丰富的老手。这个战斗群的使命只有一个，那就是消灭德国潜艇。

反潜战斗群的成立，改变了以往护航军舰遇到了德国潜艇，如果不能一举将其击沉，那就不能与之周旋到底的两难境地——因为一旦追踪时间过长，船队的警戒圈就会出现缺口，容易让其他潜艇乘虚而入。反潜战斗群没有保护船队的后顾之忧，只要发现德国潜艇，就可以穷追不舍，直到将其击沉为止。这种攻击性反潜手段彻底改变了过去防御性的反潜手段，易守为攻。

为了最大限度打击德国潜艇，为了从被俘德国潜艇艇员口中得到有价值的情报，英国在伦敦西北的切舍姆设立了联合审讯中心。英国人刻意将被俘的每个潜艇艇员与其他潜艇或水面舰艇或飞机的被俘者安排同居一室，在那些囚室中都安装有窃听装置，监听并将战俘的对话录制下来。英国情报机关认为那些对话有价值，可以从中获取大量情报线索，将其翻译成英语，经过整理后，再打印成文送交有关部门。

由于盟国方面在反潜上加大了投入，1943年3月德国潜艇的辉煌胜利如同昙花一现，又如垂死之人的回光返照。此后，德国潜艇便开始了厄运。

在德国潜艇对 HX-237 船队和 SC-129 船队攻击中，同盟国方面共损失了 5 艘运输船，总计计 2.9 万吨，但德国潜艇损失却相当惨重，共有 5 艘潜艇被击沉，1 艘潜艇被重创。这次护航战，充分显示了盟军水面舰艇和岸基航空兵、舰载机协同反潜的巨大威力，护航航空母舰及其舰载机在护航战中发挥出越来越大的作用。

由于盟军大量使用护航航空母舰，大西洋中部岸基航空兵所无法达到的海域，即所谓"黑窟"逐渐被填补，护航船队几乎全程都可以获得航空兵的有力掩护，德国潜艇的活动越来越困难。

5 月中下旬，ONS-7、SC-130、ON-184、HX-239 等数个护航船队都因为岸基航空兵、舰载航空兵和水面舰只协同努力，得到了可靠的保护，损失的运输船无论数量，还是吨位都直线下降。

其中为 ON-184 船队护航的"博格"号护航航空母舰上的"复仇者"式反潜机击沉了"U-569"号潜艇，开创了护航航空母舰舰载机击沉潜艇的先例。

5 月 23 日，英军"射手"号护航航空母舰搭载的"剑鱼"式反潜飞机在为 HX-239 护航船队护航中，首次使用机载火箭弹。当护航军舰的高频测向仪发现德国潜艇后，2 架挂载火箭弹的"剑鱼"式反潜飞机紧急起飞，在 360 米距离上向正企图下潜的潜艇连续实施了 4 次火箭弹齐射。潜艇遭到重创，艇长只得下令上浮，指挥艇员用甲板上的高射炮负隅顽抗。结果，另一架"野猫"式战斗机赶来，用机关炮猛烈射击，一口气竟发射了 600 发炮弹。艇长和多名

英国"剑鱼"式鱼雷攻击机

艇员被击毙。其余艇员眼看大势已去，只得将重创潜艇自沉，然后投降。

整个5月，同盟国共有50艘运输船被击沉，损失吨位仅26.4万吨，而德国潜艇则损失惨重。5月活动在大西洋上的德国潜艇共有118艘，被击沉潜艇达到41艘，战损率达34%，平均每天损失1.3艘。此外，还有37艘潜艇被击伤。

在此之前，德军每损失 1 艘潜艇可以击沉运输船 10 万吨，而在 5 月每损失 1 艘潜艇只击沉 0.64 万吨。因此 5 月被德国潜艇部队称为"黑暗的五月"。5 月 24 日，邓尼茨在日记中写道："到目前为止，我们的损失已经到了无法容忍的地步。"

面对如此严峻的局势，邓尼茨只得承认失败，于 5 月 23 日下令潜艇部队全面撤出大西洋航线，南下至危险性较小的亚速尔群岛附近海域，待技术条件成熟之后再重返大西洋。这就意味着德军曾猖獗一时的"吨位战"和"狼群"战术开始走向覆灭。

★邓尼茨答记者问④

问：英美方面是怎样评价大西洋战役的？它们为了消除潜艇的危害曾经做过哪些努力？

答：英国政府和英国皇家海军司令部非常明白，潜艇的攻击对英国来说，意味着最大的危险。潜艇的攻击直接威胁着英国的生命线。不仅英国人民的生活，而且英国的经济、战争物资的生产和英国在这次战争中最终的生死存亡，均取决于这条生命线。

我想引用丘吉尔回忆录《第二次世界大战》中的两段话来说明英国的这种看法。

例如，他在第 4 卷中这样写道："潜艇攻击是最大的祸害，德国人如果聪明的话，就该对此全力以赴。"

第 5 卷中第 6 页又写道："大西洋战役是整个战争的决定性因素，

我们任何时候也不能忘记，无论在陆地、海上或空中发生的一切，最终都取决于大西洋战役的结局。我们在为其他种种忧虑所困扰的同时，也怀着希望和恐惧，日复一日地注视着大西洋战役变幻莫测的命运。"

英国海军司令部一开始就以其所支配的全部力量用来对付德国的潜艇战。正如海军上将阿瑟·赫兹利特爵士在他的《潜艇和海上强国》一书中所写的："在建设强大的护航舰队和空军方面，英国得

英国水手正在投放深水炸弹反潜

付出巨大的努力。"

　　然而，英国海军司令部要集中本国的一切必要力量来防御潜艇战这一主要危险，却并不那么容易。鉴于潜艇在1942年取得了巨大成绩以及德国潜艇战完全在潜艇司令官的亲自领导之下，丘吉尔和英国海军司令部遂于1942年夏，谋求用同样方式组织一个统一的领导机构，以便英美集中力量更有效地抗击潜艇战。于是，"反潜艇战委员会"宣告成立。丘吉尔主持了第一次会议。他声称，这个新成立的委员会的目的，是给予反德国潜艇战以强大的推动力。

　　但由于种种原因，这个委员会要贯彻他的意志以及控制受德国潜艇战略牵制的某种局势，往往是不容易的。譬如，很明显的是，英国空军宁愿去轰炸德国城市，以取得显著的成绩，而不愿同英国护航舰队一起在大西洋护航，甚至连轮流飞行去监视大西洋海域，或偶尔对某一德国潜艇进行轰炸都不愿意。

　　此外，这个委员会也不容易克服由于潜艇的独特作战方式所造成的英国防御力量的某些薄弱环节。这里可以举个例子：花最小的代价击沉敌人的船只，这是我的原则。所以，我把驻在浩瀚的大西洋的潜艇进行适当的调动，把它们调到我认为船只往返虽频繁、但敌人的防御显然薄弱的那些地方去，因为英美要立即在各处布置强大的防御力量，当然是困难的。

　　同样，一旦他们得悉，德国潜艇在防御力量薄弱的海域展开了进攻，而要快速地把护卫部队派到那儿去，也是不容易的。

德国伪装成商船的海上袭击舰

英国海军历史学家罗斯基尔在他关于第二次世界大战的著作第2卷中，写道："尽管潜艇侵入这些偏僻海域的时间不长，却大获渔利。这些潜艇造成的损害，比起它们的前驱——伪装的袭击商船的战舰——在这些海域的追击战中所造成的损害要大得多，而付出的力气却要小得多。即使邓尼茨不得不把他的潜艇派往数千里之外，但他的这种不断探测我们防御体系薄弱环节的策略，在这几个月中获得了巨大的成功。"

因此，英国新成立的这个委员会，越来越觉得有必要使用尽可能多的远程飞机，至少应对迄今一直未受英美飞机监视的大西洋

"空白"区加以封锁。

对护航队的防卫问题，他们同样也做出了新决定。以往，护卫舰发现了潜水艇之后，只能与之作短时间的战斗，因为它显然不能离开护航队，否则，护航队就失去了保护，这就是说，护卫舰必须马上放弃与潜艇的作战，返回到必须加以保护的商船队来。因此，"反潜艇战委员会"就建立了所谓的"支援部队"。这些拨给护航舰队的"支援部队"并不担负护航舰的单纯护航任务，而是去追踪、攻击它所发现的德国潜艇，并尽可能地把它消灭。

两名英国水手正在吊装反潜火箭弹

不言而喻，只有拥有适用于这一目的的战舰，才能组成上述这种"支援部队"。因此英美尽最大可能把它们的力量不断地、愈来愈多地投入到反德国潜艇战的战斗中去。

就是盟军要登陆欧洲，也取决于是否拥有为登陆所需要的船只吨位。正因为这个缘故，1943年盟国把它的登陆时间推迟到了1944年，因为在1943年运输船只的吨位还不够。也因为这个缘故，在1943年1月召开的卡萨布兰卡会议上，反潜艇战被列为头等重要的任务。

英国海军上将赫兹利特在他的关于第二次世界大战中大西洋战役的《潜艇和海上强国》一书中就双方投入力量的对比，做了如下的结论："盟国为建设它们强大的护航舰队和空军做出了极大的努力，差不多等于德国人为建造潜艇所做的努力的三倍。"

德国潜艇在大西洋战役中对英美意味着什么，我认为，我在上面所引的几段话已经说明白了。

2. 鏖战比斯开湾

比斯开湾位于伊比利亚半岛和布列塔尼亚半岛之间，面积约 22.3 万平方千米，最深处 4732 米，含盐量 35%，整个海湾东北浅，西南深。

对于德国海军而言，比斯开湾具有极其重要的战略价值。以比斯开湾各港口为基地，德国潜艇可以比从德国本土基地出发经北海，绕过英国北部进入大西洋缩短航程 450 海里。这样一来，德军可缩短约一周的出航时间，甚至连 250 吨级的小型潜艇也能进入大西洋作战，1100 吨级的大型潜艇更是可以一直深入到大西洋纵深海域活动。同时随着航程的缩短，也大大缩短了潜艇往返作战海域与基地之间的时间，潜艇在海上活动的时间大为增加。

另一方面，德军使用比斯开湾各港口的修船厂对从海上返航的潜艇进行维护和修理，又可节约潜艇返回本土基地维护的时间，从而提高潜艇在航率，并能使德国本土的造船厂从烦琐的日常维护中摆脱出来，集中力量建造新潜艇。

自 1940 年 6 月德国占领法国后，投入大西洋作战的德国潜艇有 80% 以上是从比斯开湾各港口出发的。加之比斯开湾沿岸是德国占领下的法国和亲德国的西班牙，德国潜艇的安全系数较高，比斯开湾也就成为德国潜艇进出大西洋最重要的海上走廊。

盟军要最有效对付德国潜艇，封锁比斯开湾，便是运用"釜底抽薪"之法来减少护航船队在大西洋上的压力。

由于比斯开湾海水较深，单单布设水雷难以形成有效封锁，盟军便投入了航空兵、水面舰艇和潜艇实施空中、海面和水下全方位立体封锁。德国海军也全力进行扫雷，还组织水面舰艇和航空兵护送潜艇进出大西洋，并不断根据情况改变潜艇通行方法，来突破同盟国封锁。双方围绕着比斯开湾展开了激烈的封锁与反封锁的斗争。

1941年5月以后，英国就在比斯开湾建立以水雷、潜艇和航空兵组成的反潜封锁区域，盟军进行封锁的主要措施是空中封锁，投入的兵力是英国岸防航空兵。英国岸防航空兵的行政管理、装备和训练由空军领导，作战指挥则是由海军负责。在1941年7月后，他们开始以第19大队为主，搜索并攻击进出比斯开湾的德国潜艇。它们的具体战术是在英军潜艇巡逻线西经6度以西设立两条巡逻线，由单机采取交叉搜索法进行连续巡逻。不过，他们的战果很不理想。至1941年12月，他们总共才击沉1艘潜艇，击伤3艘潜艇，而德国潜艇在1941年12月间有71艘次进出比斯开湾，却无一被发现。

1942年4月，英国第19大队的兵力有所增强，开始以锡利岛为起点，对比斯开湾实施全昼夜扇形搜索巡逻。1942年7月，英军

英军在大西洋布水雷

又在西班牙和葡萄牙以西海域设立补充巡逻区。

自从采取扇形搜索巡逻战术，并装备新型雷达和利式探照灯后，发现德国潜艇的次数逐渐增多。1942年7月，进出比斯开湾的德国潜艇为60艘次，被发现20艘次，被击沉1艘。1942年8月，进出的77艘次中被发现39艘次，被击沉1艘。1942年9月，进出的90艘次德国潜艇中被发现40艘次，被击沉1艘。

但从10月起，德国潜艇开始装备梅托克斯雷达接收装置，能先于飞机接收到雷达波束，然后迅速下潜。英军飞机的搜索与攻击效果又大大下降。在1942年10月至12月中，德军进出比斯开湾的潜艇达291艘次，被发现仅有49艘次，而且没被击沉1艘。

1942年12月，美国驻英国伦敦大使馆海军武官处海军技术站站长托瓦尔·索尔伯格将美国海军部的文职经济学家和统计学家斯蒂芬·劳申布什请到伦敦，成立了比斯开湾研究室，专门研究拟定航空兵封锁比斯开湾的计划。劳申布什仔细研究了敌我双方的武器装备，登上1941年8月英军缴获的德国"U–570"号潜艇，走访了岸防航空兵的各个基地，并研究了英国海军部和岸防航空兵司令部的大量作战情报数据，然后进行统计学计算，制订出《劳申布什计划》，并于3月24日提交反潜战委员会例会审议。几乎同一时期，英国海军部也拟定了相同内容的计划。这些计划后来都成为比斯开湾封锁战的理论指导。

1943年2月，英军岸防航空兵组织了代号为"吊舱"的空中封锁战役，将巡逻区划分为内区和外区。内区是西经 10° 以东，宽度为 125 海里的海域，外区是西经 15° 以西，宽度为 200 海里的海域，整个巡逻区长 240 海里，再细分为 6 个分区。每个分区由一个中队负责，采取蜘蛛网式搜索。

2 月 4 日至 2 月 16 日，第 19 大队投入 159 架各型飞机，加上美军陆军航空队第 1 中队、第 2 中队 32 架装备了最先进雷达的"解放者"式飞机也参加作战，参战飞机总数达 191 架。

战役总指挥为第 19 大队司令杰弗里·布罗米特。盟军共出动飞机 312 架次，发现德国潜艇 19 次，占同时期德国潜艇进出比斯

英国海军反潜舰只向德国潜艇投掷深水炸弹

开湾 40 艘次的 47.5%，攻击 8 次，但战果很小，只击沉 1 艘潜艇。

1943 年 3 月，英军调整空中巡逻区，取消了外区巡逻，集中兵力于北纬 44°30′ 至 48°30′，西经 7° 至 10°30′ 之间宽约 150 海里（约 278 千米）的海域。此时第 19 大队又得到了装备新型 ASV-Ⅲ 厘米波雷达的"惠灵顿"式反潜飞机的第 172 中队，用于夜间巡逻，再度提高了搜索和攻击效果。至 3 月 20 日，英军共击沉 1 艘德国潜艇，击伤 3 艘德国潜艇，损失了 1 架飞机。

3 月 21 日至 28 日，英军第 19 大队又发动了第二次空中封锁战役，代号为"包围 I"。此时，英军用装备新型雷达的第 172 中队和加拿大第 407 中队代替了美军两个中队，尽管英国岸防航空兵司令斯莱塞对这两个美军中队表现出的充沛精力和高涨热情表示非常欣赏，但还是被美军大西洋舰队调往摩洛哥。

这次行动中，英军共出动 182 架次，发现德国潜艇 27 次，占同时期德国潜艇进出比斯开湾 41 艘次的 65.8%，攻击 15 次，击沉 1 艘德国潜艇。

1943 年 4 月，英军将空中巡逻线向西北推移，并制订了统一的巡逻计划。同时，又由于北大西洋上护航航空母舰的大量使用，岸基航空兵的压力大为减轻，从而能抽调出原来掩护护航船队的第 15 大队，配属给第 19 大队，加强在比斯开湾的空中封锁力量。

4 月 6 日至 13 日，得到加强的英军开始了第 3 次战役，代号"包围 Ⅱ"。在此期间，进出比斯开湾的德国潜艇共 25 艘次，被发

英国航母舰载机起飞后执行巡逻反潜任务

现 11 次，遭攻击 4 次，被击沉 1 艘。

由于英军装备新型雷达的飞机给夜间水面状态航行的德国潜艇构成了巨大威胁，又由于德军"U-333"号潜艇、"U-338"号潜艇和"U-438"号潜艇等潜艇在白天以甲板上的高射炮抗击英国飞机，接连取得击落英国飞机的战果。

邓尼茨下令，改变通过比斯开湾的战术，潜艇采取夜间潜航，白天在水面航行，一旦发现英国飞机，或以高射炮与之抗击，或者下潜躲避攻击。

4月13日起，第19大队又紧接着发起了第4次空中封锁战役，代号"扰乱"。此时，该大队拥有装备厘米波雷达的飞机已多达70架，实力大增。随着德国潜艇战术的改变，使得英国飞机白天发现潜艇的机会大大增加。

U型潜艇上的防空炮

5月份，英军发现德国潜艇达98次，攻击64次，取得击沉8艘德国潜艇，击伤6艘德国潜艇的战绩。英军损失21架飞机，其中5架是被潜艇击落的，其余有的是被德军战斗机击落，有的是因恶劣天气而坠毁，英军空勤人员94人阵亡、6人被俘，7人失踪，还有42人落水后获救。

为了抗击英军的空中打击，邓尼茨煞费苦心地设计出火力强大的防空潜艇。这种潜艇配备2门37毫米和8门20毫米高射炮，准备作为诱饵消灭英军飞机。

5月24日，第一艘防空潜艇"U-441"号潜艇与英军飞机展开了激烈的空潜战。"U-441"号潜艇凭借空前猛烈的对空火力与飞机对战。只可惜，由于炮座的旋转部位因海水侵蚀无法正常使用，使高射炮射击的准确性大受影响。

英国飞机没料到潜艇会有如此猛烈的火力，猝不及防有1架"桑德兰"式飞机被击落，但"桑德兰"式飞机的飞行员在还能操纵时全力实施攻击，用深水炸弹给予"U-441"号潜艇一次漂亮的交叉攻击。潜艇艇壳被炸开一个大缺口，无法下潜，遭到重创，最后只得返回基地。

根据"扰乱"作战中的经验教训，邓尼茨于6月初再次改变战术，命令以2至5艘潜艇组成艇群，白天以水面航行状态结伴通过比斯开湾，一旦遭遇英军飞机不得下潜，各艇联合组织起对空火力网进行抗击，夜间则以规定的航速潜航，白天再浮出水面恢复队

"桑德兰"式水上飞机

形，直至驶出比斯开湾。这彻底改变过去潜艇尽量避免与飞机周旋的战术，而是直面飞机勇敢对抗，颇有几分鱼死网破的拼搏之气。此外，邓尼茨还经常派出飞机为潜艇提供空中掩护。

新战术开始实行后，最初效果还不错，6月初接连有两个艇群安全通过比斯开湾。但6月12日，由5艘潜艇组成的艇群被波兰第307中队的4架战斗机发现。双方随即发生了激战，德军2艘潜艇遭重创，被迫返航，波军仅1架飞机被击伤。

6月13日，又一个由5艘潜艇组成的艇群被英军第228中队

173 ·

的"惠灵顿"式飞机发现。经过激烈战斗，双方互有损伤，英军飞机被击伤，德军"U-564"号潜艇被击伤，只好在"U-185"号潜艇掩护下返航。6月14日，德国潜艇再次被英国飞机发现，受伤的"U-564"号潜艇被击沉，负责掩护的"U-185"号潜艇救起沉没潜艇的艇员后返回基地。

邓尼茨敏锐地察觉出新战术的严重后果，尽管可以击落英军飞机，但潜艇也面临着巨大威胁，毕竟潜艇不是以击落飞机为目的，而是安全出入大西洋。因此在6月17日，他第三次改变战术，潜艇在集群通过比斯开湾时，每天水面航行只能限制在发动机充电所需的最小时间——4小时之内，其余20小时均必须潜航。

7月8日，防空潜艇"U-441"号潜艇修复后再次出海，继续执行饵兵之计，尽可能击落盟军反潜飞机。

7月12日，"U-441"号潜艇被英军第248中队的3架"勇士"式战斗机发现。英军这一机群原是负责攻击在比斯开湾上空为德国潜艇提供空中掩护的德军"容克-88"式战斗轰炸机，并不担负反潜使命，因此没有装备反潜专用的深水炸弹，只能用飞机上的机枪和机关炮进行扫射。"U-441"号潜艇艇长哈特曼过于相信自己的火力，没下令下潜而是命令炮手就位，准备与英军飞机对抗。潜艇虽然拥有很强的对空火力，但在波浪起伏的海面上难以进行精确瞄准射击，而飞机的扫射异常准确。一阵对射之后，潜艇甲板上的军官和炮手非死即伤，包括艇长在内共死10人，伤13人，唯一没有受重伤的军官是军医普法芬格尔。他表现非常冷静，迅速指挥艇员将伤员抢回舱内，然后下令下潜，这才挽救了潜艇。

邓尼茨从中明白潜艇即使装备了强大火力，在同飞机的交火中也难以占得便宜，因此下令艇群在通过比斯开湾时，只有在别无选择时才能与飞机交火，而"U–441"号潜艇虽然保留了强大的对空火力，随后仍恢复了原来的破交作战使命。

针对德军新的战术，盟军也随之于6月下旬起改变了战术。盟军的新战术几乎就是德国潜艇"狼群"战术的翻版——以7架飞机组成的机群每天三次在德国潜艇出入大西洋所必经航线上两个位于菲尼斯特雷角西北的搜索区，代号分别为"步枪队"和"海参"，进行疏开平行搜索，每架飞机巡逻区域长度不超过100海里。只要1架飞机发现潜艇，便在其上空盘旋并报告基地指挥部。指挥部则立即命令其他飞机或通知水面舰艇赶来支援，实施协同攻击消灭潜艇。

盟军新战术在最初两周时间里并未取得什么效果。直到7月20日，才有英军第224中队的1架"解放者"式反潜飞机发现并击伤1艘德国潜艇。此后，盟军飞机取得的战果逐渐多了起来。7月30日，英军第53中队的1架"解放者"式飞机发现了德军一个3艘潜艇组成的艇群正在比斯开湾内以水面状态航行。随即，它一面在目标上空盘旋监视，一面向指挥部报告。在指挥部指挥调度下，先后有6架英军飞机赶到，对这3艘德国潜艇进行了攻击。结果击沉、

发现 U 型潜艇并投弹的"解放者"式轰炸机

击伤潜艇各 1 艘,另 1 艘潜艇紧急深潜,才躲避过攻击。

就这样,盟军封锁效果比以前显著提高。在 1943 年 6 月,英军共发现德国潜艇 57 艘,攻击 26 艘,击沉 2 艘。在 1943 年 7 月,英军共发现德国潜艇 80 艘,击沉 11 艘,6 艘被击伤而折返,而盟军仅损失飞机 14 架,其中 8 架是被潜艇击落,另 6 架是被德军战斗机击落的。进入到 1943 年 8 月后,德国潜艇的损失直线上升,仅 8 月 1 日和 2 日,就有 4 艘德国潜艇被击沉。

邓尼茨无法承受这样的严重损失,只得于 8 月 2 日下令比斯开湾港口内的潜艇暂停出海,刚刚出海的 6 艘潜艇也被紧急召回,4 艘返航的潜艇分散行动,只能在夜间浮出水面充电,并尽可能沿西班牙海岸由"U-155"号潜艇艇长阿道夫·皮宁开辟的"皮宁航线"航行。虽然这是一条既难走又费时的航线，但可以借助海岸的掩护减少被雷达发现的概率，并能在遭到盟军攻击后得到西班牙的援助。

这样，盟军的空中封锁终于实现了将德国潜艇封闭在比斯开湾之内的预期目的。而盟军所实施的空潜战，尤其是1943年4月至8月初，持续97天的封锁共击沉德军26艘潜艇，击伤17艘，平均每3.7天击沉1艘潜艇，给予了德国潜艇部队沉重打击，史称"比斯开湾潜艇大屠杀"。

8月2日起，英军第19大队在比斯开湾法国菲尼斯太尔角西北海域开始发起了反潜空中战役，以阻止德国潜艇使用西班牙海域。德国空军应海军的要求，派出了"亨克尔-177"式远程战斗轰炸机，与盟军争夺该海域上空的制空权。双方在比斯开湾上空展开了激烈而又频繁的空战。英军总共损失了17架反潜飞机和6架战斗机。

8月23日起，盟军又投入了水面舰艇，共1艘巡洋舰和11艘护卫舰，第二批则为2艘驱逐舰和3艘护卫舰，在第19大队的空中掩护下，对比斯开湾西班牙海域进行搜潜、反潜作战。德国空军于8月25日和28日先后出动"道尼尔-217"式战斗轰炸机和"容克-88"式战斗轰炸机，攻击盟军舰艇，重创1艘驱逐舰，击伤1艘护卫舰，迫使盟军水面舰艇向西撤退。

比斯开湾空潜战中，从英国飞机上拍到的 U 型潜艇

在 1941 年至 1945 年 5 月，德国潜艇进出比斯开湾共计 2425
艘次，被击沉 106 艘，盟军损失飞机约 350 架。盟国水面舰艇也参
加了比斯开湾封锁，1943 年 6 月击沉德国潜艇 2 艘，1943 年 7 月
击沉 3 艘，1944 年 6 月击沉 4 艘，1944 年 7 月击沉 7 艘、重创 3 艘。
盟军潜艇在封锁作战中损失大，效果小，有些得不偿失，取得的战
绩只有 1 艘潜艇，却付出了 3 艘潜艇的代价。

尽管比斯开湾海水较深，水雷难以发挥作用，但盟军还是将布
雷作为封锁比斯开湾的一项重要措施。布雷的主要兵力是航空兵。
1941 年 7 月至 1942 年 6 月，盟军的航空兵共布设约 4000 枚水雷；
1942 年 9 月起，盟军加大了布雷力度，平均每月布雷约 1000 枚；

通过比斯开湾的 U 型潜艇

1943 年 7 月，盟军主要对比斯开湾各港口进行布雷封锁，平均每月布雷约 500 枚。此外，盟军水面舰艇和潜艇也曾多次进行布雷作业，共布雷约 3500 枚。由于德军在比斯开湾沿岸部署有不少雷达站，能及时发现盟军的布雷飞机，并经常出动扫雷舰艇清扫航道，德国潜艇损失很小，触雷沉没的仅有 6 艘。

在战争中，德国潜艇在比斯开湾内共损失潜艇 76 艘，占德军在战争中损失潜艇总数的 9.8%，其中 1940 年和 1941 年各损失 1 艘，1942 年损失 7 艘，1943 年最多达 39 艘，1944 年损失 28 艘。在所有损失的潜艇中，被航空兵击沉的有 54 艘，占损失总数的 71%；被水面舰艇击沉的有 7 艘，占总数的 9.2%；触雷沉没的有 6 艘，占总数的 7.9%；被潜艇击沉的只有 1 艘；因伤势太重而自沉的有 3 艘，还有 3 艘则是因碰撞等其他原因沉没的。

从中也可以看出，航空兵对潜艇的威胁之巨，而建立如此辉煌战绩的航空兵部队，主要是英军岸防航空兵第 19 大队。德军损失的 76 艘潜艇中，51 艘是在 1943 年 5 月至 8 月和 1944 年 6 月至 8 月这 7 个月里损失的，尤其是 1943 年 7 月，一个月就达 13 艘，也反映出盟军的封锁效果很不均衡。

★邓尼茨答记者问⑤

问：潜艇战怎么会在 1943 年 5 月出现转折的？

邓尼茨回答：

1942年7月，美国人在北美东海岸为船只航行实行了护航体制。此外，大部分在海岸附近航行的护航舰队也在很大程度上受到陆上飞机的保护。因此，美国东海沿岸的海域，对德国潜艇来说，已不再是那么有利的作战区域了。由于必须作横渡大西洋的长途航行，潜艇在那里作战就不再像1942年上半年那样划算。当然，如果断定在这一海域出现了敌人防御上的"弱点"，那么潜艇还得继续利用这一海域作战。

因此，根据我的"经济地打潜艇战"的基本原则，我从1942年7月起，又恢复了在北大西洋反护航队的战斗，以取代潜艇迄今绝大多数在美国海域的战斗。正如上面所讲的那样，我把其余的潜艇派遣到我认为防御力量薄弱的海域去。

由于我们克服了1941年底至1942年初寒冬给新潜艇在波罗的海整训时所造成的困难，从1942年下半年开始，出现了对潜艇作战的多方面的有利条件。前一年冬天，因为波罗的海没有涨潮和落潮。结冰后，船只几乎不能通航，大大耽误了新潜艇的作战准备工作。现在，从1942年7月至9月，每月有30艘——这是异乎寻常的庞大数字——新潜艇开赴前线。这样，我就能够不断地使用两支潜艇舰队投入对往返于美英两国之间的大西洋护航队的战斗。此外，我还能根据情况，迅速地调遣其余数目可观的潜艇到比较遥远的、有价值的作战海域去。加勒比海，甚至特立尼达岛以东的海域，仍然被列为作战区域，因为1942年7月美国在那里还未建立护航体制。此外，我又派遣潜艇到弗里敦附近的海域去。我甚至派遣另一支潜艇队到开普敦和位于印度洋的东非港口去，因为我觉得，尽管到那里去的航途遥远，但这些海域至今仍未触发过潜艇战。所以，目前在这些海域展开攻势，是很有成功希望的。后来，潜艇在这些遥远的海域内击沉船只的事实说明，这种看法是正确的。

增多潜艇的数量——除有上述好处外，还为潜艇战提供了另一有利条件。海军总司令部的监听和破译敌人无线电报的"观察站"，成功地截获了英国的密电码。因此，我就能经常及时地得到关于英

德国基尔港为新潜艇下水举行的庆祝仪式

国护航队位置的可靠情报。

尽管 1942 年夏天出现了这些对潜艇战有利的条件，但另一方面，我完全明白，作战本身，尤其是对护航队的作战，变得日益困难了。作为作战战术先决条件的潜艇水面机动性，由于以下两个因素而受到愈来愈大的限制。

1. 英美飞机的作战，敌人对英国以西和美国以东海域进行的空中监视和空军对护航队的直接保护日益加强。大西洋中部海域的所谓"空白区"，即英美四引擎陆上远程飞机迄今不能进行持续监视或对那儿的护航队不能提供保护的海域，变得愈来愈小了。下列数字可以说明这种陆上远程飞机活动半径的扩大情况：1941 年，没一架陆上远程飞机能被派往离海岸只有 400 至 500 公里的地方去作战，而 1942 年却相反，我们不得不确认，四引擎陆上飞机能从位于北美、格陵兰、冰岛、北爱尔兰和弗里敦的机场起飞，到达 800里外的地方投入战斗。

2. 护航队中的护卫舰以及投入战斗的飞机配备了短波仪——雷达，这是造成潜艇战困难重重的第二个原因。

测位仪的这一发展，使我们从 1942 年起日益感到不安。在这一时期，我们已经遇到这种情况：例如，飞机在夜间出其不意地飞近潜艇。由于黑夜，飞机无疑只有通过测位仪才能确定潜艇的位置。对潜艇来说，却不能事先确定飞机的位置。但我们通过安装在潜艇上的无线电测量观察仪，终于能够知道，敌人何时发出了相应

的反潜艇测位波，接着，潜艇就能及时地潜入水中，避免接踵而来的轰炸。正如英国海军历史学家罗斯基尔在他的《海战》一书中所写的那样，我们由此成功地挫败了英国在比斯开湾对来往该处的潜艇所发动的规模较大的首次空中袭击。

然而，我们后来不得不确认，尽管我们有无线电测量观察仪，但敌人对我们冒出水面的出乎他们意外的潜艇的方位又能加以测定了，看来，这种测位的方法是用其他短波进行的，而这种短波用我们的接收仪不能测量出来。我们今天知道，他们使用的是100毫米口径的仪器，这种仪器对于后来德国水面潜艇战遭受失败也起到一定的作用。

3. 最后疯狂

1943年5月31日，邓尼茨前往柏林晋见希特勒，向元首汇报了潜艇战极其不利的局面：由于盟军空中力量的急剧增强和新式定位仪器的大量使用，潜艇面临着极大的危险。他希望能在技术条件解决后再恢复在大西洋的"破交战"，但希特勒认为绝不允许放弃潜艇战。因为即使进行战略防御，潜艇在大西洋上的活动也要比在欧洲沿岸进行被动防御要好，而且潜艇战牵制了盟国大量的兵力兵器，一旦放弃潜艇战，盟军用于护航的大量兵力兵器被转用于其他任何地方，那都将是难以想象的。

因此，邓尼茨决定，不惜巨大牺牲，继续进行潜艇战。但为了避免不必要的损失，他下令潜艇主要在盟国防御比较薄弱的中大西洋亚速尔群岛海域活动，等待合适的时机再重返北大西洋。

邓尼茨这一决定给了美国海军大西洋舰队总司令英格索尔指挥的反潜舰队一展身手的大好时机。以"博格"号护航航空母舰、"卡德"号护航航空母舰、"科尔"号护航航空母舰、"桑提"号护航航空母舰等护航航空母舰为核心的反潜舰队，充分展示了航空母舰及舰载机的威力，沉重打击了德国潜艇。1943年6月，在北大西洋，没有一支船队遭到德国潜艇攻击。

同盟国在电磁战场上也取得了巨大胜利，尽管早在1942年12月英国通过超级机密破译的德军统帅部密码就已经获悉，德国海军B机关正在破译同盟国的海军"三号密码"，但英国海军电讯处负责密码安全的威尔逊对此却毫无反应，没有及时采取必要措施，导致大量运输船遭到攻击。因此威尔逊遭到了很多指责。直到1943年6月，英国海军电讯处才以一套临时密码来替换已经泄密的"三号密码"，8月才将全部"三号密码"更换为新的安全密码。新的安全密码再也没有被德国破译过。在破译密码这一较量上，同盟国终于占得了先机。

6月3日，"博格"号护航航空母舰首开纪录，在为GUS-7A船队护航时，一举击沉"U-217"号潜艇和"U-118"号补给潜艇。6月9日，为了继续实施潜艇战，牵制盟军的护航力量，邓尼茨挑选了9艘战斗潜艇和2艘补给潜艇，组成艇群前往同盟国护航力量薄弱的印度洋。至1943年底，这个艇群在阿拉伯海和印度洋上与日军潜艇并肩作战，共击沉了57艘运输船，合计33.7万吨，成为德国潜艇退出大西洋海域之后又一亮点。不过，印度洋上的海上运输相对于大西洋上的而言，无论数量，还是战略地位，都无法相提并论。

1943年7月，德国潜艇开始装备代号为"鹪鹩"的音响自导鱼雷。这种鱼雷是德国潜艇的撒手锏，能自动追踪船只发动机的声音进行攻击，可惜由于产量较少，出击的潜艇一般每艘只能配

美国"博格"号护航航空母舰

备 4 枚。德军专门将其用于攻击盟军船队中的护航军舰，然后利用船队警戒圈因护航军舰被击沉击伤所造成的缺口，再使用普通鱼雷攻击运输船。不幸的是，美军舰载机也开始使用新型的"菲德"音响自导鱼雷，并在首次投入实战就创造了骄人战绩，一举击沉 4 艘德国潜艇。

7 月是德国潜艇损失最惨重的月份，不仅在比斯开湾空潜战中，而且在中大西洋亚速尔群岛附近海域，美军航空母舰舰载机竟连续击沉 7 艘潜艇。至 8 月，美军反潜舰队总共击沉 15 艘潜艇，其中 8 艘是"奶牛"级补给潜艇。美军击沉 1 艘德国补给潜艇的意义，要远远大于击沉 1 艘战斗潜艇，因为 1 艘补给潜艇能够延长战斗潜艇的作战时间，对于远离基地的中大西洋，具有更为重要的意义，因为能非常有效地打击德国潜艇对中大西洋海上运输的破交作战，并大大降低了德国潜艇在加勒比海、南大西洋，甚至印度洋上的战果。

在中大西洋上，建立殊勋的王牌战舰是美军的"卡德"号护航航空母舰。"卡德"号护航航空母舰的舰载机共击沉 4 艘德国潜艇，其中 2 艘是补给潜艇。

同时 1943 年的 7 月，美国不断增长的造船能力已经使同盟国新建造船只吨位超过了被击沉船只的吨位。邓尼茨吨位战的如意算盘已经化为泡影。

1943 年 6 月至 8 月，德国潜艇共击沉同盟国运输船 58 艘，其

"奶牛"级补给潜艇

中一半是在非洲南部好望角海域和印度洋上取得的，德军损失79
艘潜艇，其中被飞机击沉的58艘，占73.4%。

1943年8月起，德国潜艇陆续开始装备"哈格努克"雷达接收
装置、音响自导鱼雷、气泡诱饵发生器和高炮。邓尼茨还加紧了新
潜艇建造，采取艇体分段建造法，以提高潜艇建造的速度。此外，
邓尼茨还对战争态势和潜艇战术进行了研究分析，决定继续实施对
同盟国海上运输线的破交作战，以牵制盟军大量的兵力兵器，并及
时了解盟军反潜装备和战术手段的变化。他将潜艇战转败为胜的希
望寄予新型潜艇的建造和实战使用。

随着这些措施的落实，使得邓尼茨觉得有了重返大西洋的底
气，遂于8月底逐渐放宽了禁止进入大西洋的命令。

1943年9月初，先后有两批各13艘潜艇，分别从德国、法国和挪威的基地出航。其中，从比斯开湾出发的潜艇除了充电外，一直都是沿着西班牙海岸潜航，以避免盟军的打击。

9月16日，由16艘潜艇组成的"拉顿"艇群在北大西洋展开，准备投入"破交"作战。

9月18日，从英国开往美国的ONS-18船队和ON-202船队驶近"拉顿"艇群所在海域。英国海军部对此已有所察觉，命令这两个船队航线稍向西北改变，企图规避德国潜艇的截杀。

9月19日，邓尼茨下令潜艇再次进入大西洋。当天从冰岛起飞的盟军"解放者"式反潜飞机为ONS-18船队提供了可靠的保护，并击沉了"U-341"号潜艇。入夜后，有2艘潜艇对ONS-18船队进行了攻击。1艘英军驱逐舰因所发射的"刺猬弹"过早爆炸而遭到重创。同时，加拿大海军派出了2艘驱逐舰和4艘护卫舰前来加强船队护航力量。

9月20日，德国潜艇发现了ON-202船队。"U-270"号潜艇随即实施了攻击，用音响自导鱼雷击伤了"拉根"号护卫舰，"U-238"号潜艇乘机突破船队的警戒圈，一连击沉2艘运输船。"U-338"号潜艇正想投入攻击，却被担负空中掩护的"解放者"式飞机发现。"解放者"式飞机当即发射"菲德"音响自导鱼雷将"U-338"号潜艇击沉。

当晚，ONS-18船队和ON-202船队会合，但由于反潜飞机因

U型潜艇正在吊装鱼雷

燃料耗尽而相继离开，给了德国潜艇以可乘之机。德国潜艇使用音响自导鱼雷接连击沉2艘护航军舰。

　　9月22日，晴朗的天气正是空中巡逻的反潜飞机大展身手的有利条件，"解放者"式飞机发现并重创了2艘德国潜艇。伴随ONS-18船队的"麦卡尔平"号护航航空母舰上的舰载机也不时起飞，为船队提供空中掩护。虽然它们没取得击沉击伤潜艇的战绩，却一再迫使潜艇下潜，从而无法实施攻击。不过，德国潜艇仍如幽灵般的顽强追踪着船队，保持着与船队的接触，企图寻找战机实施攻击。

　　9月23日凌晨，德军有数艘潜艇突破了ONS-18船队的警戒圈，先后击沉了盟军 1 艘护卫舰和 4 艘运输船。天亮后，盟军加强了空中掩护，岸基反潜飞机和护航航空母舰上的舰载机密切协作，有效压制了德国潜艇，迫使德军所有潜艇长时间下潜，从而使 ONS-18 船队得以彻底摆脱德国潜艇的追踪。

此次破交作战是德国潜艇重返大西洋后的第一仗。盟军共损失 6 艘运输船，共计 3.6 万吨，以及 3 艘护航军舰。盟军损失的运输船都是在夜间没有空中掩护的情况下被击沉的，而损失的护航军舰都是被德军新型武器音响自导鱼雷击沉的。德国潜艇则被击沉 3 艘，击伤 3 艘。

针对德国潜艇上的音响自导鱼雷，盟军迅速采取措施，紧急装备了"福克瑟"噪音发生器。用绳索将这种装置拖在船只后面，能够发出很大的声音，吸引音响自导鱼雷注意，从而使军舰免受损失。

由于德国潜艇在上报 9 月的战果中有些夸大，邓尼茨信心倍增，对音响自导鱼雷寄予了很大希望。进入 10 月后，他再次调集潜艇于北大西洋，准备依靠音响自导鱼雷重新夺回破交战的主动权。

1943 年秋季，美国巨大的造船工业能力逐渐开始显示出来。美国本土 99 个造船厂最高月造船吨位达 130 万吨，几乎相当于德国潜艇最高月战绩的两倍。标准万吨级的运输船被冠以"自由轮"和"胜利轮"之名，开始成批生产。尤其是凯泽造船厂采用预制件生产线技术进行流水线生产，船厂的总装车间里，数以千计的铆工不

美国制造邮轮

分昼夜轮班工作，将预制生产出的船只部件铆在一起。在"天才的美国造船工人"奇迹般努力下，万吨轮建造速度从年初的 6 个月，逐步缩短到 5 月的不到 3 个月，再到 9 月的 4 个星期，直到 10 月间"罗伯特·皮尔里"号万吨轮船仅仅 4 天零 15 小时就建成下水，下水时甚至连船身的油漆都没干，创造了造船工业的神话。这一造船记录直至今日从未被打破。邓尼茨击沉运输船的吨位大于同盟国新建运输船的吨位来决定战争胜利的企图终于成为泡影。

10 月初，盟军两支护航船队先后改变航线，避开了潜艇的巡逻线。第三个船队拥有强大的空中掩护，德国潜艇不但没取得任何战果，反而损失了"U-279"和"U-389"两艘潜艇。第四个船队是SC-143 船队，编有 30 艘运输船，由包括 1 艘护航航空母舰在内的

德国潜艇内操作潜望镜的水兵

10 艘军舰护航，船队附近还有 4 艘驱逐舰可随时提供支援。

10 月 6 日，德军远程侦察机发现 SC-143 船队。邓尼茨立即命令正在北大西洋活动的"罗斯巴赫"艇群前往截击。10 月 7 日，"U-448"号潜艇发现了 SC-143 船队。当晚，有 8 艘德国潜艇先后赶到，与 SC-143 船队保持接触，但它们遭到了盟军护航军舰的有效压制，没能突破 SC-143 船队的警戒圈。

10 月 8 日凌晨，"U-378"号潜艇用音响自导鱼雷击沉了波兰"奥坎"号驱逐舰。天亮后，与船队同行的"拉帕纳"号护航航空母舰起飞的"剑鱼"式反潜飞机和从冰岛起飞的"解放者"式反潜飞机协同作战，击沉了2艘德国潜艇，击伤1艘潜艇，并彻底粉碎了德国潜艇攻击船队的企图。10月8日下午，德军派出"BV–222"式水上飞机以引导潜艇攻击SC–143船队，但仍毫无收获。

黄昏时分，盟军"桑德兰"式岸基反潜飞机又击沉了"U–610"号潜艇。入夜后，盟军首次在夜间出动装备利式探照灯的"解放者"式反潜飞机为横渡大西洋的船队提供空中掩护，使船队在夜间得到了有效保护。可惜由于受续航力的限制，"解放者"式反潜飞机天亮前就不得不返航。德军"U–645"号潜艇乘机利用拂晓前空中掩护短暂中断的机会发起了攻击，击沉1艘运输船。随后，德国潜艇便停止了攻击。

此次破交战，德军击沉盟军的驱逐舰和运输船各1艘，却付出了3艘潜艇被击沉，1艘潜艇被击伤的巨大代价。

10月8日，葡萄牙同意同盟国使用在亚速尔群岛的两个机场。10月19日，盟军首批岸基远程反潜飞机就转场到来。就这样，原先空中护航力量最薄弱的中大西洋也开始得到充分的空中掩护。从此以后，同盟国的岸基航空兵空中掩护遍及整个大西洋，北大西洋的空中掩护也进一步巩固完善。

10月15日，德军"施利芬"艇群的"U–844"号潜艇发现了ON–206护航船队。ON–206护航船队是从英国开往美国的，编有65艘运输船，由2艘驱逐舰和2艘护卫舰护航，并在必要时还能得到2艘驱逐舰和3艘护卫舰支援。

10月16日，"U-964"号潜艇发现了ON-206船队附近的ONS-20护航船队。ONS-20护航船队编有52艘运输船，由5艘驱逐舰保护。

为了集中最大兵力对这两支船队实施集群攻击，邓尼茨命令附近所有潜艇必须迅速、果断接近船队。为了迅速加入战斗，邓尼茨特别指示各潜艇必须以水面航行赶赴战场，如果遭遇飞机则用甲板上的高射炮进行抗击。结果在潜艇接近船队时，多艘潜艇与盟军反潜飞机发生了激战。3艘潜艇被击沉，盟军被击落和击伤"解放者"式飞机各1架。只有"U-426"号潜艇于傍晚前后赶到了ONS-20船队所在海域，并实施攻击，击沉1艘运输船。

鉴于ONS-20船队所面临的巨大威胁，原来支援ON-206船队的B7护航大队2艘驱逐舰和3艘护卫舰奉命前往支援ONS-20船队。在赶赴ONS-20船队途中，这批护航军舰发现并击沉了德军"U-631"号潜艇。当晚，在ONS-20船队附近的6艘德国潜艇均被护航军舰驱走，失去了与船队的接触。因此ONS-20船队在夜间未受损失。

10月17日，"U-309"号潜艇再次发现ONS-20船队。根据"U-309"号潜艇的报告，邓尼茨命令"施利芬"艇群尚存的12艘潜艇继续对ONS-20船队实施攻击。但在盟军强大的空中掩护下，德军先后有9艘潜艇遭到反潜飞机攻击，被击沉1艘潜艇，击伤2艘潜艇。盟军仅损失1架"桑德兰"式飞机。

不久，护航军舰采取英国威卡发明的新战术，即两舰协同攻击，两舰排成纵列，二号舰用声呐确定潜艇准确位置和速度，然后引导一号舰到达潜艇垂直上方，实施深水炸弹攻击。这种战术能避免单艘舰在对潜攻击时声呐探测的盲区，从而大大提高深水炸弹攻击的准确率。新战术果然奏效，一举击沉了"U-841"号潜艇。德军这才停止了攻击。此次破交战，德军攻击了两支护航船队，但仅击沉了1艘运输船，却被击沉6艘潜艇。

由于护航军舰反潜新战术的推广，德国潜艇被水面舰艇击沉击伤的数量大为增加。9月和10月，德军至少有25艘潜艇被水面舰艇击沉。

10月24日起，德军部署在北大西洋上的24艘潜艇组成的"西格弗里德"艇群（后增至31艘），先后对横渡大西洋的盟军HX-262、ON-207、SC-145、ON-208、HX-263、ONS-21和HX-264等7支船队进行了攻击，但盟军空中掩护力量日益增强，以及水面舰艇和飞机协同逐渐密切默契。德国潜艇不但未获巨大战果，仅击沉2艘运输船和2艘军舰，击落2架反潜飞机，反而损失惨重，先后有9艘潜艇被击沉。这毫无疑问地说明，德国潜艇的"狼群作战"已经到了穷途末路。

10月下旬，德军部署在直布罗陀航线上的由8艘潜艇组成的"席尔"艇群，接到德军"FW-200"侦察机发现的情报：由两支护航船队合并而成的开往英国庞大船队，共编有60艘运输船，由7

被美军俘获的 U 型潜艇艇员

艘护航军舰掩护。"席尔"艇群迅速前往截击。10月31日,"U-262"号潜艇击沉了1艘运输船。但U-306号潜艇被击沉,"U-441"号潜艇被击伤。从盟军空中掩护的密度和强度,邓尼茨准确判断出盟军已使用了亚速尔群岛的机场。这样,盟军船队将会得到强大的空中掩护。邓尼茨只得命令停止攻击。

10月间,德军两艘补给潜艇"U-422"号潜艇和"U-220"号潜艇先后被美军"卡德"号护航航空母舰和"希洛克岛"号护航航空母舰击沉。这样,德军只剩下"U-488"号潜艇一艘补给潜艇来为游弋在广阔海域的战斗潜艇提供海上补给。邓尼茨不愿再损失这艘宝贵的补给潜艇,特意将其从比较危险的海域调到稍稍安全的非洲沿岸海域。

9月和10月,同盟国64支横渡大西洋的护航船队,共计有2468艘运输船,但总共只损失了9艘运输船。

邓尼茨鉴于集群作战损失太大,被迫于10月下旬彻底放弃艇群作战,改为单艇作战。此时,邓尼茨所要考虑的不再是如何击沉同盟国运输船,而是德国潜艇的生存。此时,盟军强大的岸基航空兵,反潜飞机数量已达3000架以上,平均每一艘德国潜艇将要对抗二三十架飞机,而且岸基航空兵已在冰岛、爱尔兰、纽芬兰、百慕大群岛、格陵兰岛和亚速尔群岛等地建立起完善的基地网,加上护航航空母舰的舰载机,空中掩护几乎覆盖整个大西洋航线,再加上护航航空母舰的舰载机和水面舰艇所组成的攻击性反潜特混舰

装有防空炮的 U 型潜艇浮出水面

队，以及在比斯开湾的封锁，有效挫败了德军的"狼群"战术，同盟国的船队终于可以在大西洋上安全航行。

11月和12月，德国潜艇总共只击沉13艘运输船，计7.1万吨，而损失的潜艇则高达16艘。这一战绩与1943年3月相比，简直是天壤之别。

1943年是大西洋反潜战关键性的转折之年，从年初德国潜艇的辉煌胜利，到年底德国潜艇的日落西山，对于同盟国而言，黎明前最黑暗的艰苦时期已经过去，胜利的曙光已经来临。全年，同盟国损失运输船466艘，约220.3万吨，尚不及1942年的一半。德军损失潜艇则高达237艘。更具有重大意义的是，德军被迫放弃了潜艇集群攻击战术，使同盟国能够从下半年起，比较安全地将大量的人员、装备和物资横渡大西洋，运到英国。这些人员、装备和物资，正是为1944年6月盟军实施开辟第二战场的诺曼底登陆奠定了坚实的物质基础。

★邓尼茨答记者问⑥

问：潜艇战怎么会在1943年5月出现转折的？

邓尼茨回答：

现在再回过头来谈谈1942年下半年的情况。尽管在反护航队的战斗中出现了这种困难，但另一方面，每艘潜艇的效率，即所谓"潜力"——每个航海日击沉总吨位的战果——仍然保持同样高的

德军"FW-200"式侦察机

水平。德国潜艇每个航海日击沉的吨位是：1942年7月，总吨位为181吨；1942年8月，总吨位为204吨；1942年9月，海涛汹涌，风暴频繁，总吨位为149吨。德国潜艇的损失率没有显著增加。

1942年1月至7月，在美国防卫力量极其薄弱情况下，损失率只有3.9%。1942年7月至12月，损失率增加到8.9%，而这一数字仍然比1939年的17.5%低得多，1942年下半年同样要比1940年的和1941年的低。在那两年，海上作战的潜艇每月的损失率达13.4%和11.4%。

所以，1942年下半年在反护航队的战斗中，尽管战果时大时小，但平均起来仍然取得了很好的成绩。我设法把潜艇巡逻队布置在尽可能远的西面，去拦截在北大西洋由西往东航行的护航队。这样做的一个目的是，使将要投入这次反护航队战斗的其他潜艇有足够的时间，也能从更远的岗位上调往已被发现的护航队那里。另一个目的是，当这支护航队在大西洋中部进入上述陆上飞机所监视的空白区时，已经调去的潜艇立即靠近护航队，接着就准备战斗。然后在这里就进行了通常总要持续好几天的潜艇进攻战。同样，我还设法尽可能远地在大西洋东部测出由东往西，即由英国开往美国的护航队来。

这样，战果总是辉煌的。这当然首先得归功于潜艇全体人员的战斗精神。没有这种精神，即使有最优秀的指挥官也将一事无成。因此单靠指挥官和下级士兵的军事才能是不够的，还必须具有自我

牺牲的精神。我确信，这种精神在保卫自己的祖国和人民的战争中是必不可少的，并且意识到，它有比个人生命价值更高的伦理价值。这种意识和这种精神，对一支武装部队的战斗力来说是最为重要的。

但是，我对海战的进一步发展愈来愈感到忧虑，以致我对我们当时所取得的战果的满意心情烟消云散。敌人的飞机对北大西洋和南大西洋所有海域的监视日益加强。对此，我在1942年8月21日的作战日志中这样写道："作战困难在加重，照此发展下去，必然会导致巨大的、难以忍受的损失，降低战果，以致大大减少潜艇战的胜利希望。"英国海军历史学家罗斯基尔在他的著作中写道："邓尼茨的作战日志的记录表明，他对他的新攻势的最初成果是并不满意的。"

因此，即使当时情况仍然有利，以及随着前线潜艇数量的终于增加，也可期望击沉船只数量的增加，但是，今后潜艇战的问题，已经要求潜艇领导人立即加以考虑了。例如，怎样才能防止敌人测出潜艇方位？我们试图发展新的接收仪，用它来测出雷达测位的超短波。我们用一种防护物质涂在潜艇塔上，这种物质能吸收敌人发射出来的测位波，并使这种报告潜艇位置的测位波不再返回到敌人那里去。遗憾的是，这种物质的吸收能力还不够。我们首先考虑的是：我们如何能够更有效地使潜艇免遭飞机的袭击。我们给潜艇配备了较好的高炮装置，当然，上面提到的期望发展一种对付测位波

盟军乘登陆艇即将在诺曼底登陆

的接收仪，将首先用来保护潜艇免遭敌人飞机的突然袭击。

因此，1942年下半年尽管战果辉煌，我却充满了对未来的担忧。

在随之而来的1943年最初几个月，我们在反护航队的战斗中能够取得多大战果以及敌人对大西洋战役多么无把握，这些我想在下面几段中加以叙述。在这个世界的现实中，因而也在这次战争的现实中，情况往往是这样的：人们不能预见将来，因为并非一切情况和决定事物发展的根源都能为人们所认识和预见。例如，当我们在 1943 年 3 月取得成功后，英国海军司令部就认为：他们已面临失败的威胁，由于德国采用潜艇结群战术展开进攻，护航体制已经过时。

——就是说，在 1943 年 3 月他们还不知道，他们即将在 1943 年 5 月，也即两个月之后，就能成功地粉碎德国反护航队的潜艇战。因此，直至出现这一转折之前，表面情况看来有时完全两样。下面我想举两个例子说明。

1942 年 12 月底，我在加那利群岛附近布置了一支潜艇队，这支潜艇队应在一个南北走向的巡逻侦察地带中途拦截由西面，即由美国开往直布罗陀海峡去支持在北非的英美部队的船只。1943 年 1 月 3 日，另一艘在特立尼达岛附近作战的潜艇——它离驻在加那利群岛附近的那支潜艇队西南方有 900 海里——发现了一支驶往东北方向的油船护航队。遗憾的是，这支护航队又在它眼前失踪了。

我认为，这支油船护航队是来自库腊索岛——阿鲁巴岛石油地区，而且肯定是为美国入侵部队装运大量燃料开往北非的。尽管这是一艘在特立尼达岛附近作战的潜艇的唯一的一次关于护航队的报告，尽管对这支护航队开往直布罗陀海峡走什么航线还不清楚，但当我认为我所判断的地点大体上是正确的时候，我就决定用位于加那利群岛附近的潜艇队与这支护航队作战。

1 月 3 日，潜艇在最大活动范围内朝西南方向挺进。这一侦察地带，在浩瀚的大西洋中，只不过是微不足道的一块海域，而护航

港内的U型潜艇正在接受补给

队的航线往往可能偏离潜艇的最大活动范围。月落后，在夜间航行时，我就命令潜艇再开回头，也就是顺着所期待的护航队的航向驶行，以防护航队可能在黑暗中从我们的潜艇队旁边溜过。

这样，我们相信，尽管开始距离为1560公里，但我们尽了一切努力还是能够找到护航队的。我们真走运！

1943年1月8日凌晨，天蒙蒙亮，这支护航队在潜艇侦察地带内被发现了。接着，潜艇与这支油船护航队一直作战到11日。幸亏这支护航队的防卫力量薄弱，它是由新的大油船组成的，其中七艘被击沉，而潜艇则丝毫无损。这确实是很大的胜利。

1943年3月14日和15日，我命令位于北大西洋西经20度的侦察地带的潜艇，往西去截住由哈利法克斯开来的护航队。除此之外，我们在3月14日还得到消息说，美国的一支西德尼护航队于3月13日20点驶入同一海域。这时我就尽快设法侦察这两支护航队。第二天晚上，在狂风暴雨、迷迷茫茫的天气里，一艘潜艇发现了一艘向东行驶的驱逐舰。这艘驱逐舰可能是属于这支西德尼护航队的。

3月16日中午，发现了从哈利法克斯开来的护航队。这天晚上，德国潜艇就向这支护航队发起了进攻。就在这第一天夜里，潜艇取得了惊人的成果。3月16日夜里，西德尼护航队在同一海域也被截住了。与这两支护航队的战斗一直持续到3月19日。

美国空中防卫力量不断地保护着护航队。由于增派了飞机，防卫力量得到了加强。气候变幻莫测，风浪较为平静，海面时而清晰可辨，时而模糊不清，继之狂风大作。所以，这种天气不仅给潜艇的进攻带来了困难，而且也给英美空中和海上反潜艇防卫力量的还击带来了困难。

这次潜艇战获得了辉煌的战果：总吨位为141000吨的21艘船被击沉。只有一艘德国潜艇由于遭到空袭于3月19日沉没。

在这战果辉煌的3月份之后，情况发生了很大的变化。

1943年4月，狂风暴雨特别多。尽管我们投入了大量的潜艇，但在各次反护航队的战斗中，收效甚微。这除了模糊不清和狂风暴雨的天气外，主要还得归咎于我们无法对付敌人的雷达。

1943年5月初，我在北大西洋布置了4支潜艇队用来攻击护航队。尽管我估计到，潜艇队将被雷达探测出来，但另一方面，由于这时潜艇布阵的海域比过去大得多，敌人想绕过它就更加困难了。此外，我当然设法迅速地变换潜艇侦察地带的位置，使得被我们侦察到的敌人难以躲避。这样，尽管双方都施展了策略，但在5月初仍发生了以下情况：

一支由东驶来的护航队闯进了德国潜艇侦察地带，潜艇向它们发动了进攻。在战斗中，护航队有12艘船被击沉，总吨位为55761吨。但在这次战斗中，有7艘潜艇被击沉，这是我们在反护航队的战斗中第一次遭到这么巨大的损失。尽管我们取得了以上的战果，但我却把这次战斗看成是一种失败。关于怎么会出现这种情况，我

战败后，U 型潜艇上集合的艇员

在 1943 年 5 月 6 日的作战日志中做了如下描述："大约在夜幕降临前两小时，突然起雾了，雾气愈来愈浓。这天晚上的大好时机成了泡影，几乎所有的潜艇又都失去了跟踪目标。凌晨 4 点，终于又发现了护航队。假如在 6 个小时以后才起雾，那肯定将会有更多的船只被击沉。雾气腾腾使我们失去了这些大好时机。没有一艘潜艇取得较大的战绩。仅在这大雾弥漫期间，就有 15 艘潜艇挨到了深水炸弹；其中 6 艘在雾中突然遭到装有雷达的驱逐舰的大炮袭击。毫无疑问，由于没有反雷达的设备，潜艇处于毫无成功希望的劣势。"

这就是潜艇在这次反护航队的战斗中遭到如此重大损失的原因。潜艇在雾中是睁眼瞎，而配备了雷达的驱逐舰，却能在荧光屏上清楚地找到在水面行驶的潜艇位置。

所以，从我在 1943 年 5 月初写的作战日志的记录中可以看出，我对目前继续进行的潜艇战是深感忧虑的。另一方面，在成功与失败的变化中——这在每场战争、每次军事行动中都是可能的——必须估计到会发生这种损失达 6 艘潜艇的反护航队的不利的作战。我们更认为，我们必须忍受这次挫折，因为浓雾在其中无疑是起了决定性作用的。

直到 1943 年 5 月中旬，在另一次反护航队的战斗中，才完全弄清楚，对我们来说，形势已发生了根本的变化。不仅是护航队在大西洋的每个海域都得到了远程飞机的保护，而且我们还发觉，护航队除了自己本身的防御力量外，还配备了特种战斗队，这种战斗队的唯一任务就是同每一艘被发现的德国潜艇作殊死搏斗，直到把它消灭。

现在，我们知道了大西洋战役中彼此力量突然消长的原因。美国建立了6支所谓"支援部队"，这些"支援部队"由战斗舰只组成，它们配备有与潜艇作战的一切装置，包括短波测位仪，并经过专门的训练和由有经验的海军军官指挥。有2支英国驱逐舰小舰队也属于这支"支援部队"，这2支驱逐舰小舰队是在按照丘吉尔的命令，停止从挪威北部绕过北角驶往摩尔曼斯克给苏联人运送战争物资的情况下，才腾身出来的。英国人在1943年3月的大西洋战役中，因遭到我们的打击而损失如此惨重，以致使英国政府看来不得不采取这样一种无疑会引起同斯大林发生政治争执的措施。

出于1943年3月遭受沉重损失的同一原因，美国总统罗斯福命令一直在太平洋作战的远程飞机应立即准备投入大西洋战斗。它们被调往北爱尔兰的巴利基利、冰岛的雷克雅未克、冈迪亚和纽芬兰的阿根夏，并从这些机场起飞，投入大西洋战役。

因此，5月中旬，当我们在北大西洋准备向2支英国护航队发动进攻时，这些"支援部队"和派往各个海域的远程飞机在同德国潜艇的战斗中，取得了巨大成果。直到几天以后，当我们进一步得悉被歼灭的潜艇是什么型号时，我们自然就明白了这次战斗对我们产生了怎样严重的后果。到1943年5月22日，我们在这个月的潜艇损失，竟高达31艘这一惊人数字。这里可以清清楚楚地看出，在反护航队的战斗中出现了转折。只有当我们能够大大地加强潜艇战斗力的时候，我们才能恢复这种战斗。

　　基于这一认识，因而立即得出结论，把潜艇撤出北大西洋。5月24日，我命令他们采取一切谨慎措施，撤退到亚速尔群岛西南的海域去。

4. 末日挣扎

进入 1945 年，战争局势更加向不利于德国的方向发展。

1945 年 1 月，盟军又有多项新式装备投入使用。代号"斯基特"的深水炸弹发射机是其中对付潜艇的一种新型武器。

此前，盟军装备的"刺猬"深水炸弹发射装置能同时发射 24

英国"L27"号潜艇受损的指挥塔

颗深水炸弹，在目标周围形成环状杀伤圈。这样深水炸弹密度确实大了，但威力却不大，常常不能一举将潜艇重创或击沉。"斯基特"与"刺猬"正好相反，只能同时发射 3 颗深水炸弹，每颗都威力巨大，只要在目标附近爆炸，潜艇即使不被击沉也会遭到致命损伤。这两种装备结合使用，相辅相成，对潜艇构成了严重威胁。

波长为 3 厘米的新型雷达是对付潜艇的又一利器，其侦测能力更加敏锐，可以发现海面上的通气管。随着这种雷达的装备，德国潜艇凭借通气管长时间潜航以躲避打击的企图将彻底破产。不过，这种雷达太过灵敏，容易将海面上漂浮的金属垃圾当作通气管而发出警报，盟军使用这种雷达，瞎忙乎了不少。

声呐浮标的发明，让德国潜艇的压力进一步加大。声呐浮标是一种由声呐装置和无线电发报装置有机结合在一起的产物。一般由飞机将其投掷到潜艇活动海域，声呐工作后一旦发现潜艇，无线电发报机就自动发出警报，标示出潜艇具体位置，引导飞机或军舰前往攻击。声呐浮标的大量使用，使盟军反潜作战如虎添翼。

此外，盟军情报机关通过各种渠道逐渐掌握了德军建造新型 Z1 潜艇的情报。盟军统帅部意识到，这种潜艇一旦大量服役，将对同盟国的海上运输构成巨大威胁。因为 Z1 潜艇航行时杰出的安静性和水下高航速是盟军所装备的所有反潜飞机和军舰无法对抗的。因此，盟军统帅部将对新潜艇生产工厂的空袭和对德军 V-1、V-2 火箭生产发射基地一样列为最首要攻击目标，不惜出动大批飞机对潜

艇生产工厂和工厂附近的水陆交通线进行异常猛烈的轰炸，以破坏潜艇的生产制造及生产原料运输。在盟军战略空军的猛烈轰炸下，Z1潜艇生产受到严重影响，原先在1945年初建成服役的计划被迫延迟。

但是，德军其他型号潜艇的生产仍比较正常。1945年1月，德军建成装备瓦尔特发动机的300吨新潜艇达30艘。加上停止了对大西洋航线的攻击，德军集中于英国附近海域的潜艇多达39艘。而且，随着通气管的大量使用，潜艇在往返作战海域和基地之间，可以有效躲避了盟军反潜飞机和军舰的打击。在1945年1月，德军没有1艘潜艇在往返途中被击沉。这令邓尼茨非常骄傲。

但问题也出现了，潜艇因为长时间潜航，无法与潜艇指挥部联系，也就无法获知作战海域的相关情报，成为海里的瞎子和聋子，直接导致战果下降。同样，盟军的无线电侦听也因此失去用武之地，只有等潜艇发动攻击之后，才能发现潜艇的踪迹进行攻击。

1945年1月，德国潜艇击沉13艘运输船，共计约5万吨，还击沉1艘"猎"式潜艇，重创1艘护航航空母舰，但损失6艘潜艇。

1945年2月，在邓尼茨指挥下，德军从挪威出动41艘潜艇，全部投入英国沿海。这些潜艇在英吉利海峡和爱尔兰附近海域击沉了盟国17艘运输船，共计5.3万吨，还击沉了盟军3艘护卫舰。但是，德军付出15艘潜艇被击沉的代价。

1945年3月，德军从挪威派出37艘潜艇，使德国潜艇在第一线作战海域的数量达到 53 艘。这些潜艇先后在英国沿海附近、英吉利海峡等地击沉盟军 9 艘运输船，共计 4.2 万吨，还击沉 1 艘护卫舰和 1 艘扫雷舰，而德军损失 18 艘潜艇。

从 3 月起，盟军进一步加强了对德国军事工业的轰炸，尤其是对新型潜艇生产厂的轰炸。此外，盟军还在德军新型潜艇试航的波罗的海实施空中布雷，以阻挠德军新型潜艇的建造和训练。不仅如此，随着德军在陆上战场的节节失利，德国最重要的鲁尔工业区被盟军攻占。当月德国的钢产量下降到 1944 年平均月产量的 15%，煤炭产量也下降到 1944 年平均月产量的 16%，德军军事工业形势极其严峻。但邓尼茨仍全力组织生产 Z1 型潜艇。

1945 年 4 月，德军从挪威出动 44 艘潜艇前往攻击英国沿岸海域，击沉盟军 12 艘运输船，计 6.6 万吨，击沉 1 艘驱逐舰、2 艘扫雷舰和 1 艘武装拖网渔船，还击伤 4 艘运输船，而德军损失潜艇达 20 艘。其中 4 月 12 日，德军"U-1024"号潜艇在爱尔兰海域先后击沉 2 艘运输船后，遭到盟军第 8 护航大队水面舰艇反击和盟军护卫舰实施的猛烈深水炸弹攻击。"U-1024"号潜艇遭到重创，被迫浮出水面，随即被盟军俘获。虽然后来"U-1024"号潜艇在拖回基地途中伤重沉没，但盟军仍从潜艇上缴获了一批有价值的机密文件。

4 月 14 日，由 6 艘德国潜艇组成的艇群在北大西洋活动，伺机攻击同盟国运输船。它们被美国海军发现。美军认为，该艇群的使命是拖带特殊装置向美国本土发射 V-2 火箭，便立即组织代号为"泪珠"的反潜作战，在亚速尔群岛以北海域投入两个以护航航空母舰为核心的反潜舰队，共 2 艘护航航空母舰和 17 艘驱逐舰，在岸基航空兵的大力配合下，组成反潜搜索线。在 4 月 15 日和 16 日，盟军反潜舰队克服天气恶劣的困难，发现并击沉 2 艘德国潜艇。德军"U-805"号潜艇鸿运高照，两次被发现，两次都侥幸逃脱了攻击。

1945 年 4 月 22 日，"克罗坦"号护航航空母舰的舰载机击沉了德军"U-518"号潜艇，为两个反潜舰队作战画上圆满的句号。当天以"博格"号护航航空母舰和"科尔"号护航航空母舰为核心的另两个反潜舰队前来换班。盟军此次参战兵力更为雄厚，共计 2 艘护航航空母舰和 22 艘驱逐舰。

4 月 24 日，"博格"号护航航空母舰上的舰载机发现了德军"U-546"号潜艇。"U-546"号潜艇作困兽之斗，拼死抵抗，击沉美军"戴维斯"号驱逐舰，最终在美军 9 艘驱逐舰的围攻下还是逃脱不了被击沉的命运。

1945 年 4 月底，邓尼茨盼望已久的第一艘 Z1 型潜艇建成。由施宁少校为艇长的"U-2511"号 Z1 型潜艇出海参战，但为时已晚，于事无补。

5 月 1 日，德军已有 91 艘潜艇在海上活动，还有 12 艘 Z1 潜艇完成了战前训练，可以投入实战。从这一趋势看，德国潜艇正在慢慢恢复，正如邓尼茨所期望的，德国潜艇部队重整旗鼓似乎就要实现了。但是此时，德国陆军已经彻底失败了。就在前一天，苏军攻克柏林，希特勒自杀。希特勒在遗嘱里指定由海军总司令邓尼茨接任德国元首兼武装部队总司令。

5月4日，邓尼茨下令潜艇部队停止战斗。5月5日，德军"U-853"号潜艇在美国布洛克岛附近海域击沉了1艘运输船。这是德国潜艇在第二次世界大战中在美国沿海所取得的最后战果。"U-853"号潜艇不久即被美军驱逐舰击沉。

1945年5月，向美军投降的德军"U-805"号潜艇

1945 年 5 月，在卑尔根向盟军投降的 XXI 型潜艇

5 月 6 日，欧洲战区盟军最高司令艾森豪威尔宣布欧洲战场上所有战线，将在 5 月 8 日 24 点前停止一切战斗行为。5 月 7 日，德军统帅部代表在兰斯签署无条件投降书，由于没有苏联代表在场，引起了斯大林的极度愤怒。作为妥协，英美将此次签署作为草签仪式。

同一天，英国空军第 210 中队的 1 架 "卡塔林那" 式反潜飞机在挪威卑尔根附近海域击沉德军 "U-320" 号潜艇。这是第二次世界大战中被击沉的最后 1 艘德国潜艇。而德军 "U-2336" 号潜艇在英国福思湾附近海域击沉了英国 2 艘运输船，则是第二次世界大战中德国潜艇取得的最后战果。

1945 年 1 月至 5 月 7 日，德国潜艇共击沉 54 艘运输船，总吨位约22.3万吨，而自身损失62艘潜艇。

1945年5月8日，德军统帅部代表凯特尔元帅在柏林近郊的卡尔斯霍斯特向同盟国递交了由邓尼茨签署的无条件投降书。盟军通过广播宣布这一消息，并要求所有在海上的德国潜艇浮出水面，报告具体位置并开到指定港口向盟军投降。

5月9日，第一艘德国潜艇回到基地，向盟军投降。在随后几天中，先后有156艘潜艇返回基地，向盟军投降。

在接到停火命令之后，第一艘Z1型潜艇"U–2511"号发现了英军一支由巡洋舰和驱逐舰组成的编队。艇长施宁为了验证潜艇的性能，决定实施一次模拟攻击，利用潜艇水下高航速轻而易举突破了驱逐舰的警戒，在近距离对巡洋舰进行了6枚鱼雷的模拟齐射。此外，装有瓦尔特发动机的8艘250吨潜艇从1945年1月30日至5月7日，进行了8次巡航作战，共击沉盟军7艘运输船，却无一损失。

深受纳粹思想熏陶的潜艇部队官兵，认为邓尼茨下达的不得破坏武器与自沉军舰的命令是在受胁迫情况下发出的，并非出自他的真心；何况在德国海军中，向敌国交出军舰是有损军人名誉；加之在1919年6月第一次世界大战结束后，德国海军曾有过将"公海舰队"主力战舰自沉的先例。于是，德国潜艇部队私下传开了一战时自沉的暗语代号"彩虹"，先后有203艘潜艇在浮出水面之后自沉。

★邓尼茨答法国记者问⑦

问：为什么德国潜艇在1943年5月以后获胜的希望已经很小的情况下还要继续战斗？

答：1943年5月，局势已经明朗化了。两个海上强国的防卫措施已超过了我们潜艇的战斗力量。改进这些潜艇，并以最新型的潜艇投入大西洋战役，这一直是我们多年以来的努力目标。

无论怎样，在1943年5月底已确定无疑的是：我们的潜艇至少在一年之内要处于劣势地位。这意味着，潜艇所面临的危险显著地增加了，即使我们小心翼翼地去对付大西洋的局势，但还得估计到会遭受更大的损失。

这样我就面临着战争以来我必须做出的最棘手的决定。

为了避免意料中的巨大损失，难道我就不得不从一切海域撤出所有潜艇？也就是说，完全停止当时已无成就可言的潜艇战吗？这个问题又马上引起了反问：如果停止潜艇战，将对我们整个战局产生怎样的后果呢？

德国的局势是严峻的。我们陆军不得不在各条战线上坚持艰巨的防御战。德意志帝国本土上遭遇的空袭有增无减。

敌人为潜艇战所迫，只得把船只编队航行。这就意味着，为了达到同一效率，编队航行要比这些船只按照各自的最快速度单独航行多耗费全部运输力量的三分之一（见丘吉尔1940年12月8日给罗斯福的信）。这些时断时续的进出港口的船队装卸，意味着严重地耽误时间；而维修这些船只，需要拥有一个庞大的造船和装备体系以及巨大的造船能力。此外，英美要保护护航队的安全和监视海域，就必须使用强大的防卫力量即数百艘驱逐舰、护航舰、护卫舰和数百架飞机，以对付德国潜艇。这就意味着大大消耗军用物资，大大消耗用于维修这些军舰和飞机的民工和巨大的物质力量。

但如果我们停止潜艇战，那么所有这些力量就会腾出来用在同我们作战的其他地方。

这样，这数百架飞机就不再会在大西洋的所有海域上空飞行以防御潜艇，而是载着炸弹去轰炸德国的城市。德国平民也就因而会遭到不可估量的额外损失。在停止潜艇战之后，那些不需再战斗的潜艇人员难道能眼看着死亡的不断增加——其中也有妇女和儿童的死亡——而说什么现在这一切都必须忍受吗？

再不然，如果我们停止潜艇战的话，英美将用这数百艘驱逐舰、护航舰和护卫舰去干什么呢？这时我们的敌人将能够完全切断我们在北海和通往挪威的沿海交通。那么，我们在挪威的靠德国供应补给品的军队就无法生存下去。

还有，为了在波罗的海赢得对我们的制海权，丘吉尔肯定会用这些腾出来的海军部队去夺取波罗的海的入海口。这是丘吉尔早在1939年9月战争爆发后4天，在他当上了海军大臣后，就对英国海军部讲过的夙愿。因为他很清楚地认识到波罗的海对我们的意义。

战争初期，英国海军部因力量不足而不得不拒绝丘吉尔的要求。只要潜艇战还在进行，它就不可能腾出这些海军力量来。潜艇战牵制着这些在所有海域保护英国商船航行的力量，而英国的生存和英美的作战则又取决于这些商船。因此，如果我在1943年5月为了避免意料之中的损失而停止潜艇战的话，那么其结果无疑是英美强夺波罗的海的入海口，并取得波罗的海的制海权。这样，我们就不能越过波罗的海输入铁矿砂和对德国东方战线提供给养，我们就不得不在我们漫长的波罗的海沿海一带到处防备敌人的登陆，并防止敌人在德国本土建立一条新战线，否则，在战争快结束时，德国海军和商船队也就无法把两百多万人越过波罗的海救往西方了。

这样，经过反复思考并得到我的参谋部的一致同意之后，我于1943年5月底做出了决定：出于万不得已，我们必须继续战斗。我们不能把潜艇从战争中撤出来，不能眼看至今一直由潜艇战承担的重担一股脑儿推到其他武装部队和德国居民的身上，以致带来难以估量的巨大损失。为了尽可能减少牺牲，潜艇战不应完全停止，而应以适当的方式继续进行下去。在我做出了这个决定之后，就飞往比斯开湾海岸前线分队那里，阐明这些理由，并就继续进行潜艇战的问题同西线潜艇司令和那儿的潜艇小舰队指挥官们进行了磋商。他们都是杰出的潜艇指挥官，也是海战的专家，他们当然也与他们潜艇小舰队的官兵们休戚与共。就是这些指挥官，在同我谈话中也

战败后，艇员纷纷上岸

确信无疑，我们必须继续战斗，并且满怀信心地认为，我们绝大多数果敢的潜艇士兵都会认为这一决定是正确的。我的这一估计是符合实际情况的。

就这样，在我尽了军人的天职和人道的义务，向我的潜艇士兵们讲清了他们在今后作战中必须估计到的局势之后，就于1943年5月31日飞往希特勒那里，向他叙述了已经出现的海战局势。从1943年5月31日的谈话记录来看，我对希特勒说了以下这些话："目前潜艇战危机的根源在于敌人的飞机显著增加。据窃听站证实，在冰岛——法罗群岛海峡，现在一天所动用的飞机就相当于数周前一周内所出动的数量。此外，由于北大西洋的护航队使用了航空母舰，以致北大西洋的所有海峡都受到了敌人飞机的监视。但仅仅是增加飞机还不足以造成潜艇危机。关键在于飞机使用了一种显然也用于水面舰只的新的雷达装置，能够在浓雾密云中，在阴天或夜里测出潜艇方位，然后出其不意地发起攻击。如果飞机没有这种装置，那它是绝不可能在茫茫大海和漆黑夜晚测明潜艇方位的。"

接着，我向希特勒详细报告了我准备采取的措施，并用以下这些话——根据记录——来结束这次谈话："海军总司令报告未来潜艇战的前景：'我们现在在武器技术方面遭到了失败，对此必须有个对策。但潜艇战还能发挥多大作用，取得多大战果，这还无法估计。敌人在海上和空中的防御力量还将增加，至于增加多少，对我们来说却是个很大的未知数，也难以确定。1940年，一艘潜艇每个航海日击沉敌船的吨位约为1000吨，1942年底则约为200吨。'从这里可以清楚地看出，敌人增加了防御力量，我们潜艇的作用减小了。尽管如此，但我仍然认为，即使潜艇战不再能达到获得较大战果的目标，但潜艇战必须继续下去，因为潜艇战所牵制的敌人力量是十分巨大的……"

元首打断了我的话，说："绝不允许放松潜艇战。大西洋是我们重要的前沿阵地，即使我必须在那里进行防守，也比我在欧洲海岸进行自卫要好。即使潜艇战不能再取得重大胜利，但它所牵制的力量却是非常大的，我不容许敌人把这些力量腾出来。"

希特勒的这些看法是正确的。在这次谈话中，我向希特勒报告了在我们迄今卓有成效的海战中所出现的突然变化，希特勒对我丝毫未加责备和批评，因为他清楚地记得，在1942年9月的一次谈话中，我早就向他指出了这种发展的可能性。当时，不仅是他，而且连海军总司令雷德尔海军元帅都认为我的这种担心是多余的。他们不相信英美能够如此增加他们投入大西洋的力量，诸如增加飞机的力量等。因此，当出现了这种事实的时候——这种事实与我当时所持的看法相一致——就没有任何人可以说："这您早就该对我们说了！"

当然，后来我曾一再检查我所做出的这一困难决定：我的刚毅的、勇敢的、同我亲密无间的潜艇士兵们，不顾效果微小，仍然必须进行艰苦卓绝的战斗。我还是一再得出这样的结论：除此以外没

有别的出路。同样理所当然的是，我也让海军作战参谋部的军官们不要囿于我之所见而独自检查这一决定。就连海军作战部对潜艇战在整个战局中所起的影响也没有不同的看法。海军作战部于1943年6月8日写道："为了积极防备潜艇，敌人消耗在海军部队和空军联队的无数人力、物力和能量愈来愈大。取消吨位战的威胁，肯定会使敌人把难以估量的战争潜力腾出来投入其他地方……"

即使潜艇战不能完全克服当前的困难，不能再取得以往那样的胜利，但仍然必须全力进行潜艇战，因为潜艇战能使敌人消耗比我们多几倍的战争力量或牵制住敌人数倍于我们的力量……潜艇战同我们整个的战略形势紧密相连，休戚与共，具有决定性的意义。